RIMBAUD

Prosas e Iluminaciones

Ediciones 29
Mandri, 41 - 08022 Barcelona (España)

Título: PROSAS E ILUMINACIONES

Autor: *Arthur Rimbaud*
Traducción: *J. F. Vidal-Jover*

La presente edición es propiedad de
© EDICIONES 29
Mandri, 41 - 08022 Barcelona
Teléfono (93) 212 38 36 - Télex 98.772-CLLC-E
Fax: (93) 417 65 05

Impreso en España - *Printed in Spain*
Depósito legal: B. 17.867-1993
ISBN: 84-7175-306-5

Cubierta: *Ripoll Arias + Equipo editorial*

Impreso en Litografía Rosés, S.A.
Progrés, 54-60 - Gavà (Barcelona)

Indice

PRÓLOGO

I

El sol era todavía caliente; no obstante, apenas aclaraba la tierra; al igual que una antorcha colocada ante las bóvedas gigantescas no les ilumina más que con una débil claridad, así el sol, antorcha terrestre, se extingue dejando escapar de su cuerpo de fuego una última y débil claridad, dejando no obstante ver todavía las hojas verdes de los árboles, las pequeñas flores que se mustian, y la cima gigantesca de los pinos, los álamos y las encinas seculares. El viento refrescante, es decir, una brisa fresca, agitaba las hojas de los árboles con un zumbido más o menos semejante al ruido de las aguas plateadas del riachuelo que corría a mis pies. Los helechos curvaban su frente verde ante el viento. Me dormí no sin antes beber del agua del riachuelo.

II

Soñaba que... había nacido en Reims, el año 1503.

Reims era entonces una pequeña ciudad o, mejor dicho, un burgo famoso a causa de su hermosa catedral, testigo de la coronación del rey Clodoveo.

Mis padres no eran muy ricos; pero sí muy honrados: tenían por toda fortuna una casita que siempre les había pertenecido y que ya estaba en su poder veinte años antes de que yo naciera y además unos millares de francos a los que habría que añadir, todavía, algunos escasos luises procedentes de las economías de mi madre.

Mi padre era oficial en los ejércitos del rey. Era un hombre alto, flaco, de negra cabellera, barba, ojos y piel del mismo color. Aun cuando no tuviera más, cuando yo nací, que 48 ó 50 años, representaba unos 60 ó 58. Era de un carácter vivo, ardiente, colérico a menudo, que no quería soportar nada que le desagradara.

Mi madre era muy distinta: mujer dulce, tranquila, se asustaba por muy poca cosa, y sin embargo mantenía la casa en un orden perfecto. Era tan tranquila, que mi padre se divertía con ella como si fuera una muchacha. Yo era el más querido. Mis hermanos eran menos gallardos que yo; pero mayores. A mí me gustaba poco el estudio, es decir, aprender a leer, escribir y contar. Pero si se trataba de arreglar la casa, cultivar el huerto, hacer recados, sea en buena hora: esto me gustaba.

Me acuerdo que un día mi padre me había prometido veinte sueldos si le hacía bien una división; comencé, pero no pude terminar. ¡Ah!, cuántas veces me ha prometido monedas, juguetes, golosinas, incluso una vez cinco francos si lograba leerle alguna cosa. Pese a ello, mi padre me puso a la escuela desde que cumplí los diez años. ¿Para qué —me decía yo— aprender griego o latín? No lo comprendo. En fin, ¿qué falta hace? ¿Qué me importa a mí que me aprueben si el que te aprueben no sirve de nada en este país? Sí, claro, te dicen que obtendrás un puesto si estás aprobado. Yo no quiero ningún puesto: seré rentista. Y aun cuando lo quisiera ¿para qué aprender latín? Nadie habla esta lengua. Algunas veces lo veo en los periódicos; pero, gracias a Dios, no voy a ser periodista. ¿Para qué aprender historia y geografía? Es verdad que es necesario saber que París está en Francia, pero nadie pregunta a qué grado de latitud. De la historia, aprender la vida de Chinaldon, de Nabopolasar, de Darío, de Ciro y de Alejandro, y de sus demás compadres notables por sus nombres diabólicos, es un suplicio.

¿Qué me importa a mí que Alejandro haya sido célebre? Qué me importa... ¿Quién sabe si los latinos han existido? A lo mejor es una lengua inventada; y aun cuando hayan existido, que me dejen ser rentista y se guarden su lengua para ellos.' ¿Qué mal les he hecho yo para que me impongan tal suplicio? Y pasemos al griego. Esta sucia lengua no la habla nadie, ¡nadie en el mundo!...

Ah! ¡mecachis de contramecachis! ¡diantre! yo seré rentista. No tiene nada de agradable eso de gastar los pantalones sobre los bancos de clase ¡caramba!

Para ser limpiabotas, para ganar un puesto de limpiabotas, hay que pasar un examen; pues los puestos que os ofrecen son de limpiabotas, o porquero o boyero. Gracias a Dios, no quiero nada de eso ¡canastos! Además os hinchan a mojicones por toda recompensa; os llaman animal, cosa que no es verdad, pedazo de hombre, etc...

¡Ah! ¡recanastos!

La continuación próximamente.

ARTHUR

Diríase una imitación a una redacción infantil... nada más inexacto (!). El original es de 1862. El autor había cumplido los ocho años.

UN CORAZÓN DEBAJO DE UNA SOTANA

Intimidades de un seminarista

...¡Oh Timotina Labinette! Hoy que he revestido la ropa sagrada, puedo recordar la pasión, ahora enfriada y adormecida bajo la sotana, que el año pasado hizo latir mi corazón de hombre joven, bajo mi manteo de seminarista...

1.º mayo 18...

...He aquí la primavera. El plantel de viña que el padre*** tiene en su maceta, está brotando: el árbol del patio tiene pequeñas yemas tiernas como gotas verdes sobre sus ramas; el otro día, al salir del estudio, vi en la ventana del segundo algo como la seta nasal del sup***. Los zapatos de J*** huelen un poco; he notado que los alumnos salen muy a menudo para... en el patio; ellos, que viven en el estudio como los topos, apretujados, encogidos sobre su tripa y aproximando su cara colorada a la estufa, con su aliento espeso y cálido como el de las vacas. Se quedan largo rato a pleno aire, ahora y, cuando vuelven, ríen tontamente y abrochan minuciosamente el istmo de su pantalón —no, me equivoco, lo hacen muy lentamente—, con unos gestos que parece que se complazcan maquinalmente en esta operación, que no es en sí más que algo muy futil...

2 mayo

El sup*** bajó ayer de su cuarto y, cerrando los ojos, escondidas las manos, temeroso y friolero, dio cuatro pasos por el patio arrastrando sus zapatillas de canónigo...

Y he aquí que mi corazón lleva el compás en mi pecho y mi pecho late contra mi pupitre grasiento... ¡Oh! cómo detesto ahora aquellos días en que los alumnos eran como gordas ovejas sudando bajo sus sucios hábitos y durmiendo en la atmósfera hedionda del estudio, bajo la claridad del gas y con el calor ñoño de la estufa. Estiro los brazos, suspiro, estiro las piernas... siento cosas dentro de la cabeza... ¡oh qué cosas!...

4 mayo...

...Mira eso: ayer, no pude aguantar más: he extendido como el ángel Gabriel, las alas de mi corazón. El soplo del espíritu sacro ha recorrido mi ser. He cogido mi lira y he cantado:

Acercaos,
Grande María
¡Madre querida
Del dulce Jesús!
¡Sanctus Christus!
Virgen preñada,
Oh Madre amada,
¡Exaudinos!

¡Oh, si supierais los efluvios misteriosos que sacudían mi alma mientras deshojaba esta rosa poética! Tomé mi cítara y como el Salmista, levanté mi voz inocente y pura en las celestes altitudes!!! *O altitudo altitudinum!...*

. . . .

7 mayo...

¡Ay de mí! Mi poesía ha replegado sus alas, pero, como Galileo diré abrumado por el insulto y el suplicio: ¡Y no obstante se mueve! —Leed: ¡se mueven!—. Había cometido la imprudencia de dejar caer la precedente confidencia... J*** la ha recogido, J*** el más feroz de los jansenistas, el más riguroso de los chivatos del sup***, y lo ha llevado a su amo, en secreto; pero el monstruo para hacerme sumir en el insulto universal, había hecho pasar mi poesía por las manos de todos sus amigos.

Ayer el sup*** me llama: entro en su despacho, estoy de pie ante él, fuerte en mi tesón. Sobre su frente calva temblaba como un relámpago furtivo su último cabello rojo; sus ojos emergían de su grasa, pero calmados, tranquilos; su nariz parecida a un mazo estaba a punto para su bamboleo habitual: cuchicheaba un *oremus*: mojó la yema de su pulgar, volvió algunas hojas de un libro, y sacó un papelito grasiento, plegado...

¡Graande Mariía!...
¡Maadre queriiida!

¡Mascaba mi poesía! ¡escupía sobre mi rosa! hacía el mamarracho, el imbécil, para ensuciar, para mancillar este canto virginal; tartamudeaba y estiraba cada sílaba con un recochineo de rabia concentrada: y cuando llegó al quinto verso..., *¡Virgen preñaada!* se detuvo, arremangó su nariz y... ¡estalló! *¡Virgen preñada! ¡Virgen preñada!* decía esto en un tono, frunciendo con un estremecimiento su abdomen prominente, en un tono tan espantoso, que un púdico rubor cubrió mi frente. Caí de rodillas, levanté los brazos hacia el techo y exclamé: ¡Oh padre mío!...

. . . .

—¡Vuestra lira! ¡vuestra cítara! ¡jovenzuelo! ¡vuestra cítara!

¡efluvios misteriosos que os sacuden el alma! ¡Me hubiese gustado verlo! Joven amigo, adivino ahí dentro, en esta confesión impía, algo mundano, un abandono peligroso, cierto impulso en fin...

Se calló, hizo estremecer de arriba abajo su abdomen: luego, solemne:

—Joven, ¿tienes fe?

—Padre mío ¿a qué viene esta pregunta? ¿bromean vuestros labios?... Si, creo en todo cuanto dice mi madre... la Santa Iglesia.

—Pero... ¡Virgen preñada!... se trata de la concepción, joven ¡es la concepción!

—Padre mío, ¡creo en la concepción!...

—Lleváis razón, joven... Es una cosa...

...Se calló... luego:

—El joven J*** me ha dado un informe en el que constata en vos cierta separación de entrepierna cada día más notoria en vuestra actitud durante el estudio: afirma haberos visto tendido tan largo como sois sobre la mesa, como un joven... desgarbado. Se trata de hechos contra los cuales nada podéis responder... Acercaos, de rodillas, más cerca de mí; quiero interrogaros con suavidad; responded: ¿separáis mucho las piernas en el estudio?

Luego, poniéndome una mano sobre la espalda, alrededor del cuello, sus ojos parecieron más transparentes y me hizo contar cosas a propósito de esta separación de las piernas... Bueno, prefiero deciros que fue algo repugnante, ¡yo que bien sé qué quieren decir esta clase de escenas!... De modo que me habían espiado, habían calumniado mi corazón y mi pudor —y no podía decir nada contra eso, los informes, las cartas anónimas de los alumnos unos contra otros, al sup*** estaban autorizados y ordenados—, y yo venía a esta habitación, a ponerme en manos de ese gordo... ¡Oh, el seminario!...

. . . .

10 mayo

¡Oh! mis condiscípulos son espantosamente malos y espantosamente lascivos. En el estudio, todos estos profanos, conocen la historia de mis versos y en cuanto vuelvo la cabeza me encuentro con la cara del asmático D*** que me susurra: ¿Y tu cítara, y tu cítara? ¿Y tu diario? Luego el idiota L*** prosigue: ¿Y tu lira? ¿y tu cítara? Después, tres o cuatro cuchichean a coro:

Grande María...
¡Madre querida!

Yo, yo soy un bendito: —Jesús, yo no voy a darme puntapiés a mí mismo. Pero, en fin, yo no espío a nadie, yo no escribo anónimos y guardo para mí mi santa poesía y mi pudor...

12 mayo...

¿No adivináis acaso que de amor me moría?
La flor me dice ¡hola! el pájaro, buen día;
¡Hola! ¡es primavera! Mi ángel de ternura,
¿No adivináis acaso, que rozo la locura?
Mi ángel de la guarda de la niñez adorno
¿No adivináis acaso, que pájaro me torno?
¿Que mi lira tremola y late mi ala fina,
como una golondrina?...

Hice estos versos ayer, durante el recreo; he entrado en la capilla y me he encerrado en un confesionario y allí, mi joven poesía ha podido palpitar y volar, en el sueño y el silencio hacia las esferas del amor. Luego, como vienen a quitarme todos los papeles de mis bolsillos, de noche y de día, he cosido estos versos en la parte baja de mi última prenda, aquella que me toca directamente a la piel, y durante el estudio, tiro bajo mis hábitos mi poesía hasta la altura del corazón y contra él la aprieto largamente, soñando...

15 mayo

Los acontecimientos se han precipitado, desde mi última confidencia, y se trata de acontecimientos muy solemnes, de acontecimientos que han de influir en mi vida futura e interior de manera muy terrible sin duda.

¡Timotina Labinette, te adoro!

¡Timotina Labinette, te adoro! ¡te adoro! Déjame cantar con mi laúd, como el divino salmista, sobre su salterio, como yo te he visto y cómo mi corazón ha saltado sobre el tuyo con un eterno amor.

Jueves, era día de salida: nosotros tenemos dos horas de salida; he salido: mi madre, en su última carta, me había dicho: «...irás, hijo mío, a pasar el rato de tu salida en casa del señor Cesarín Labinette, un compañero de tu difunto padre, al que habrá que presentarte un día u otro antes de tu ordenación...»

...Me presenté al señor Labinette que me distinguió mucho relegándome, sin soltar palabra, a la cocina: su hija, Timotina, se quedó sola conmigo, cogió un trapo, sacó un gran tazón ventrudo apoyándolo contra su corazón, y me dijo de pronto después de un largo silencio: ¿Qué tal, señor Leonardo?...

Hasta entonces, confuso al verme con esta joven criatura en la soledad de esta cocina, yo había bajado los ojos e invocado en mi corazón, el santo nombre de María: levanté la frente poniéndome colorado, y, ante la belleza de mi interlocutora, sólo pude balbucear un débil: ¿Señorita?...

¡Timotina! ¡qué hermosa estabas! Si fuese pintor, reproduciría sobre una tela tus rasgos sagrados bajo este título: ¡La Virgen del tazón! Pero sólo soy poeta y mi lengua sólo puede celebrarte de manera incompleta...

La cocina negra, con sus agujeros en los que llameaban las brasas como ojos rojos, dejaba escapar de sus cazuelas, con débiles hilillos de humo, un olor celeste a sopa de coles y habichuelas; y ante ella, aspirando con tu dulce nariz el perfume de estas legumbres, mirando a tu gordo gato con tus hermosos ojos grises, ¡oh Virgen del tazón! secaste tu vaso. Las crenchas lisas y claras de tus cabellos se pegaban púdicamente sobre tu frente amarilla como el sol; de tus ojos corría un surco azulado hasta en medio de tu mejilla, ¡como a santa Teresa! tu nariz, llena del olor de las habichuelas levantaba sus aletas delicadas. Un ligero vello serpenteaba sobre tus labios y no dejaba de dar cierta bella energía a tu rostro; y en tu mentón, brillaba una bonita mancha morena en la que temblaban unos pelos locos: los cabellos estaban cuidadosamente retenidos en tu occipucio por medio de horquillas; pero una breve mecha se escapaba... Busqué en vano tus senos; no los tienes; desdeñas estos adornos mundonos, ¡tu corazón es tus senos!... Cuando te volviste para pegar con tu ancho pie a tu gato dorado, vi tus omóplatos salientes y levantando tu vestido, y fui traspasado por el amor ante el retorcimiento gracioso de los dos arcos pronunciados de tus caderas...

A partir de este momento, te adoré: adoré no tus cabellos, no tus omóplatos, no tu retorcimiento infero-posterior: lo que a mí me gusta en una mujer, en una virgen, es la santa modestia; lo que me hace saltar de amor, es el pudor y la piedad; es lo que adoré en ti, joven pastorcilla... Traté de hacerle ver mi pasión y, además, mi corazón, mi corazón me traicionaba. Sólo respondía con palabras entrecortadas a sus interrogaciones; varias veces le dije señora en lugar de señorita, tan turbado estaba. Poco a poco, a los acentos mágicos de su voz, me sentí sucumbir; al final decidí abandonarme, y soltarlo todo y a no sé qué pregunta que me hizo, me eché hacia atrás en mi silla, puse una mano sobre mi corazón y con la otra cogí de mi bolsillo un rosario del que dejé pasar la cruz blanca, y con un ojo mirando a Timotina y el otro al cielo, respondí dolorosa y tiernamente, como un ciervo responde a una corza:

—¡Oh sí! ¡señorita... Timotina!!!

Miserere! miserere! —En mi ojo abierto deliciosamente hacia el techo cae de pronto una gota de salmuera, repugnante, de un jamón que se cernía encima de mí y, cuando colorado de vergüenza, despertando de mi pasión bajé la frente, me di cuenta de que tenía en mi mano izquierda, en lugar del rosario, un biberón moreno: —mi madre me lo había confiado el año pasado para que lo diera al pequeño de no sé quién...—. Del ojo que miraba al techo se escurrió la salmuera amarga: —pero del ojo que te miraba, ¡oh Timotina! se escurrió una lágrima, una lágrima de amor y de dolor...

. . . .

Un rato, una hora después, cuando Timotina me anunció un refrigerio compuesto de habichuelas y una tortilla con manteca, muy emocionado por sus encantos, le respondí a media voz:

—Tengo el corazón tan lleno, os dais cuenta, que esto me echa a perder el estómago. —Y me senté a la mesa; ¡oh! lo siento todavía, su corazón había respondido a mi llamada: durante el breve refrigerio ella no probó nada.

—¿No notas cierto olor? —repetía; su padre no la entendía, pero yo comprendí: era la Rosa de David, la Rosa de Jessé, la Rosa mística de la escritura: ¡era el amor!

Ella se levantó de pronto, se dirigió hacia un rincón de la cocina y, mostrándome la doble flor de sus caderas, hundió el brazo en un montón informe de botas, de zapatos diversos, del que saltó un gran gato; y lanzó todo aquello en un viejo armario vacío; luego volvió a su puesto e interrogó la atmósfera con gesto inquieto; de pronto, arrugó la frente y exclamó:

—¡Esto huele todavía!

—Sí, esto huele —respondió el padre tontamente: (¡no podía comprender el profano!)

Me apercibí que todo aquello no eran más que los movimientos internos de mi pasión en mi carne virgen. La adoré y saboreé con amor la tortilla dorada, y mis manos llevaban el compás con el tenedor, y, debajo la mesa, mis pies temblaban de gozo dentro de mis zapatos...

Pero lo que fue para mí como un rayo de luz, como una promesa de amor eterno, como un diamante de ternura de parte de Timotina, fue la adorable amabilidad que tuvo conmigo en el momento de marcharme, al ofrecerme un par de calcetines blancos, con una sonrisa y estas palabras:

—¿Queréis esto para vuestros pies, señor Leonardo?

. . . .

16 mayo

¡Timotina! te adoro a ti y a tu padre, a ti y a tu gato:

Timotina: { ...Vas devotionis,
Rosa mystica,
Turris davidica, ora pro nobis!
Coeli porta,
Stella maris,

17 mayo

¿Qué me importan, ahora, los ruidos del mundo y los ruidos del estudio? ¿Qué me importan aquellos que la pereza y el aburrimiento doblegan a mi alrededor? Esta mañana, todas las frentes, pesarosas por el sueño, estaban pegadas a las mesas; un ronquido parecido a un toque de clarín del juicio final, un ronquido sordo y lento se alzaba de este vasto Gethsemaní. Yo, estoico, sereno, de pie y elevándome por encima de todos estos muertos, como una palmera por encima de las ruinas, despreciando los olores y los ruidos incongruos, descansé mi cabeza en una mano, escuché latir mi corazón lleno de Timotina, y mis ojos se hundieron en el azul del cielo, entrevisto por el vidrio superior de la ventana...

18 mayo

Gracias al Espíritu Santo que me ha inspirado estos versos encantadores: estos versos voy a engastarlos en mi corazón; y, cuando el cielo me permitirá volver a ver a Timotina, se los daré, a cambio de sus calcetines...

Lo he titulado, *La Brisa:*

En su mullido nido de algodón
Duerme el céfiro de dulce aliento;
Es de seda y de lana su colchón,
Y en él reposa su mentón contento.

Cuando del céfiro el ala se agita,
En su mullido nido de algodón
Volando hacia la flor que le cita,
¡Qué bien huele su hálito dulzón!

¡Oh dulce brisa quintaesenciada!
¡Oh dulce quintaesencia del amor!
Cuando ya está seca la rosada
¡Qué bien huele el día con su olor!

¡Jesús y José! ¡Jesús y María!
¡Como el ala de un condor parece
Que a quien está rezando calmaría!
¡Y a todos nos penetra y adormece!...

. . . .

El final es demasiado íntimo y demasiado suave: lo conservo en el tabernáculo de mi alma. A mi próxima salida leeré esto a mi divina y fragante Timotina.

Esperemos en la calma y el recogimiento.

. . . .

Fecha incierta. ¡Esperemos!

16 junio

Señor, hágase vuestra voluntad: yo no pondré ningún obstáculo. Si queréis desviar de vuestro servidor el amor de Timotina, libre sois, sin duda; pero, Señor Jesús ¿vos mismo no habéis amado y la lanza del amor no os ha enseñado a condescender con los sufrimientos de los desgraciados? ¡Rogad por mí!

¡Oh! He estado esperando durante largo tiempo esta salida de dos horas del 15 de junio; había reprimido mi alma diciéndole: Este día serás libre: el 15 de junio me había peinado mis pocos cabellos modestos y, sirviéndome de una olorosa pomada rosa, los había pegado sobre mi frente, como los llevaba Timotina; me había dado pomada en las cejas, había minuciosamente cepillado mis negros hábitos, colmado cuidadosamente ciertas faltas de mi aderezo y me presenté ante la esperada campanilla del señor Cesarín Labinette. Acudió, después de bastante rato, el gorro un tanto desenfadado puesto de lado sobre una oreja, una mecha de cabellos tiesos y muy entrapados cruzándole la cara como una cuchillada, una mano en el bolsillo de su bata de flores amarillas y la otra sobre el pestillo... Me lanzó un buenos días seco, frunció la nariz lanzando una mirada sobre mis zapatos y cordones negros, y se fue delante de mí con ambas manos en los bolsillos, recogiendo hacia adelante su bata, como lo hace el padre *** con su sotana, y modelando ante mi mirada su parte inferior.

Le seguí.

Cruzó la cocina y entré tras él en un salón. ¡Oh este salón! lo he fijado en mi memoria con los alfileres del recuerdo. La tapicería era de flores oscuras; sobre la chimenea un enorme reloj en madera negra, con columnas; dos jarros azules con rosas; en las paredes, una pintura de la batalla de Inkermann, y un dibujo al lápiz, de un amigo de Cesarín, representando un molino con su muela abofeteando un pequeño riachuelo semejante a un escupitajo, dibujo al carboncillo que hacen todos los que empiezan a dibujar. ¡Es muy preferible la poesía!

En medio del salón, una mesa con tapete verde, alrededor de la cual mi corazón sólo vio a Timotina, aun cuando también había un amigo del señor Cesarín, antiguo ejecutor de trabajos sacristanescos en la parroquia de ***, y su esposa la señora de Riflandouille, y en la que el mismo señor Cesarín vino a acomodarse de nuevo en cuanto hube entrado.

Cogí una silla almohadillada, pensando que una parte de mí mismo iba a apoyarse sobre una tapicería hecha sin duda por Timotina, saludé a todo el mundo y puesto mi sombrero negro sobre la mesa, ante mí, como una muralla, escuché...

Yo no hablé; pero mi corazón hablaba. Los caballeros continuaron la partida de cartas empezada, noté que hacían trampas a más y mejor y esto me produjo una sorpresa bastante dolorosa. Terminada la partida, estas personas se sentaron en círculo alrededor de la chimenea vacía; yo estaba en uno de los rincones, casi oculto por el enorme amigo de Cesarín, cuya silla sólo me separaba de Timotina: me alegré íntimamente de la poca atención que se ponía en mi persona; relegado tras la silla del sacristán honorario, podía dejar ver en mi rostro los impulsos de mi corazón sin ser notado por nadie; me entregaba pues a un dulce abandono, y dejé que la conversación se avivara y calentara entre estos tres personajes, pues Timotina hablaba raramente y lanzaba sobre su seminarista miradas de amor y no atreviéndose a mirarle a la cara, dirigía sus claros ojos hacia mis zapatos bien lustrados... Yo, tras el gordo sacristán, me entregaba a mi corazón.

Comencé inclinándome del lado de Timotina levantando los ojos al cielo. Ella se volvió. Yo me incorporé y bajando la cabeza sobre mi pecho, lancé un suspiro; ella no se movió. Abroché mis botones, moví los labios, hice un ligero signo de la cruz: ella no vio nada. Entonces, trastornado, furioso de amor, me incliné mucho hacia ella y poniendo mis manos como si fuera a comulgar, exhalando un ¡ah!... prolongado y doloroso; *Miserere!* mientras gesticulaba y rezaba, caí de mi silla con un ruido sordo, y el gordo sacristán se volvió burlándose y Timotina dijo a su padre:

—¡Toma, el señor Leonardo que se cae al suelo!

Su padre se burló. *Miserere!*

El sacristán me subió de nuevo, rojo de vergüenza y débil de amor, sobre mi silla tapizada, y me dejó sitio. Pero yo bajé los ojos y quise dormir. Esta sociedad se me atragantaba; no adivinaba al amor que sufría en la sombra: quería dormir, pero oía la conversación que hablaban de mí...

Abrí débilmente los ojos...

Cesarín y el sacristán fumaban cada uno su cigarro escuálido con toda clase de melindres, lo que hacía sus personas terriblemente ridículas; la señora sacristana, en el borde de su silla, su pecho hueco inclinado hacia adelante, teniendo tras ella todo el oleaje de su traje amarillo que se le ahuecaba hasta el cuello y escampando a su alrededor su único volante, deshojaba deliciosamente una rosa: una sonrisa espantosa entreabría sus labios, y mostraba en sus secas encías dos dientes negros, amarillos como los mosaicos de una vieja estufa. —Tú, Timotina, tú estabas bonita con tu cuellecito blanco, tus ojos bajos y tus trenzas lisas...

—Es un joven de porvenir: su presente es promesa de su futuro —decía, al tiempo que soltaba una bocanada de humo gris, el sacristán...

—Oh, el señor Leonardo dará lustre a sus hábitos —gangueó la sacristana: ¡los dos dientes aparecieron!...

Yo me ruborizaba como un buen muchacho, vi que se apartaban las sillas y que se cuchicheaba a propósito de mí...

Timotina seguía mirando mis zapatos; los dos dientes sucios me amenazaban... el sacristán reía irónicamente; yo seguía con la cabeza gacha...

—Lamartine ha muerto... —dijo de pronto Timotina.

¡Querida Timotina! Era para tu adorador, para tu pobre poeta Leonardo, que soltabas en la conversación ese nombre de Lamartine; entonces levanté la frente, sentí que el solo pensamiento de la poesía iba a reconstruir una virginidad a todos esos profanos, sentí mis alas palpitar y dije, radiante, mirando a Timotina:

—¡Tenía hermosos florones en su corona, el autor de las *Meditaciones poéticas*!

—¡El cisne de la poesía ha muerto! —dijo la sacristana.

—Sí, pero entonó su canto fúnebre —repliqué entusiasmado.

—Pero, ¡el señor Leonardo es también poeta! Su madre me mostró el año pasado algunos ensayos de su musa...

Me hice el atrevido:

—¡Oh señora! no traje ni mi lira ni mi cítara; pero...

—¡Oh, su cítara! la traeréis otro día...

—Pero no obstante, si esto no desagrada al honorable —y saqué un pedazo de papel de mi bolsillo—, voy a leeros algunos versos... Los dedico a la señorita Timotina.

—¡Sí, sí! joven, ¡muy bien! recitad, recitad, poneos al fondo de la sala...

Retrocedí... Timotina miraba con insistencia mis zapatos... La sacristana hacía la Madona; los dos caballeros se inclinaron el uno hacia el otro... Yo, me puse colorado, tosí y dije cantando tiernamente:

En su mullido nido de algodón
Duerme el céfiro de dulce aliento;
Es de seda y de lana su colchón,
Y en él reposa su mentón contento.

Toda la asistencia se desternillaba de risa: los caballeros se inclinaban el uno al otro haciendo groseros retruécanos; pero lo que era más espantoso era el aire de la sacristana que, con los ojos al cielo, se hacía la mística y sonreía con sus dientes horribles. Timotina, ¡Timotina se moría de risa! Esto fue para mí como una herida mortal, ¡Timotina se apretaba los riñones! —¡Un dulce céfiro en algodón, es algo fino, muy fino!...— decía burlándose el padre Cesarín... Creía darme cuenta de algo, pero este estallido de risa duró sólo un segundo; todos intentaron ponerse serios de nuevo, aunque estallase de vez en cuando...

—Seguid, joven, seguid, está bien, ¡está bien!

Cuando del céfiro el ala se agita
En su mullido nido de algodón
Volando hacia la flor que le cita
¡Qué bien huele su hálito dulzón!

Esta vez una gran carcajada sacudió a mi auditorio; Timotina miró mis zapatos: yo sentía calor, mis pies ardían bajo su mirada y nadaban en sudor; pues yo me decía: estos calcetines que llevo desde hace un mes, son un don de su amor, estas miradas que lanza sobre mis pies son un testimonio de su amor; ¡ella me adora!

Y he aquí que no sé qué pequeño olor me pareció salir de mis zapatos: ¡oh! ¡comprendí las risas horribles de la asamblea! ¡Comprendía que extraviada en esta sociedad malévola, Timotina Labinette, Timotina, jamás podría dar libre curso a su pasión! ¡Comprendía que tendría que devorar, yo también, este amor doloroso incubado en mi corazón, una tarde de mayo, en una cocina de los Labinette, ante el retorcimiento posterior de la Virgen del tazón!

Las cuatro, la hora del regreso, sonaron en el reloj del salón; desatinado, ardiendo de amor y loco de dolor, cogí mi sombrero y me fui tirando una silla, y crucé el corredor murmurando: Adoro a Timotina, y me voy al seminario sin detenerme...

¡Los faldones de mi hábito negro volaban tras de mí, en el viento, como pájaros siniestros!...

. . . .
. . . .

30 junio

Desde entonces dejo a la musa divina que acune mi dolor; mártir de amor a los dieciocho años y, en mi aflicción, pensando en otro mártir del sexo que hace nuestro gozo y nuestra felicidad, no teniendo ya a aquélla a quien quiero, voy a amar la fe. Que Cristo, que María, me aprieten sobre su seno: les sigo. No soy digno de desatar los cordones de los zapatos de Jesús; pero, mi dolor, mi suplicio. ¡Yo también a dieciocho años y siete meses, llevo una cruz y una corona de espinas! pero, en la mano, en lugar de una caña, llevo una cítara. ¡Este será el bálsamo de mis llagas!...

. . . .

Un año después, 1.º agosto

Hoy me han revestido con los ornamentos sagrados; voy a servir a Dios; tendré un curato y una modesta sirvienta en una aldea rica. Tengo fe; labraré mi salvación, y sin ser derrochador, viviré como un buen siervo de Dios con su sirvienta. Mi madre la santa Iglesia, me acogerá en su seno: ¡bendita sea! ¡bendito sea Dios!

...En cuanto a esta pasión cruelmente amada que encierro en el fondo de mi corazón, sabré soportarla con constancia: sin reavivarla precisamente, podré evocar alguna vez su recuerdo: ¡estas cosas son muy dulces! —Yo, por otro lado, había nacido para el amor y para la fe—. Tal vez algún día, de regreso a esta ciudad, ¿tendré la felicidad de confesar a mi querida Timotina?... Ya que conservo de ella un dulce recuerdo: desde hace un año no me he quitado los calcetines que ella me dio...

¡Estos calcetines, Dios mío, los guardaré en mis pies, hasta en vuestro santo Paraíso!...

CARTA DEL BARÓN DE PETDECHÈVRE A SU SECRETARIO EN EL CASTILLO DE SAINT-MAGLOIRE

Versailles, 9 septiembre 1871

Francia está a salvo, mi querido Anatolio, y tenéis mucha razón al decir que yo he contribuido grandemente a ello. Mi discurso —debería decir *nuestro* discurso— no pudo encontrar sitio en la famosa discusión, pero pronuncié en los pasillos, en medio de nuestros amigos, la irresistible peroración. Ellos dudaban... ellos han votado. *Veni, vidi, vici!* Esta vez he comprendido la influencia que puedo ejercer un día sobre ciertos grupos parlamentarios.

Por otra parte, ya había tenido el presentimiento cuando mi último permiso, cuando mi rubia e inteligente Sidonia, presente en nuestro ensayo exclamó: «¡Papá, me haces no sé qué cuando te tomas en serio!».

¡Me haces yo no sé qué!... ¡Confesión adorable! Llevaba a su joven corazón la turbación de la elocuencia, y esta turbación es la precursora de la persuasión. (Repetid mi frase al cura, cuando juguéis a la mona.)

De modo que Francia está salvada, la nobleza salvada, la religión salvada, *¡somos constituyentes!*

¿Cuándo constituiremos? Cuando nos dé la gana caballeros. —¿Y el señor Thiers? me diréis—. ¡El señor Thiers! ¡bah! ¿qué sería de él sin nosotros? También se ha incorporado a nuestra propuesta, dando la punta de sus dedos a besar a los republicanos y cogiéndonos por el cuello para decirnos al oído: «¡Paciencia! ¡seréis reyes!»— ¿Y la izquierda? —¡La izquierda! ¿qué es eso de la izquierda? Vamos a ver, Anatolio, si no se creyeran constituyentes ¿es que se quedarían con los constituyentes? Uno se forma ideas equivocadas con esta gente.

En suma, son mucho más acomodaticios de lo que se piensa. Los viejos se convierten y se dan golpes al pecho en la tribuna y en la Audiencia de lo criminal; tienen la manía de las confesiones públicas que desacreditan al penitente y pueden perjudicar al partido. Los jóvenes tienen ambición y están dispuestos para cualquier empresa. Claro que hay algunos vocingleros que levantan ridículas tempestades alrededor de la tribuna, pero somos nosotros quienes manejamos los truenos y los chillones que querrán luchar hasta el final, morirán de tisis laríngea.

Ahora debemos descansar; nos lo hemos ganado este descanso que quieren medirnos parsimoniosamente. Hemos reorganizado un ejército, bombardeado París, aplastado la insurrección, juzgado sus jefes, establecido el poder constituyente, burlado la República, preparado un gobierno monárquico y hecho algunas leyes que se reharán tarde o temprano. —¡No fue para hacer leyes que vinimos a Versalles! Anatolio, antes que legislador se es hombre. No hemos recogido el heno; pero, por lo menos haremos la vendimia.

¡Sois afortunados, vosotros! Estas damas os reclaman, habéis partido sin tambor ni trompeta dejándome con dos discursos que aprender y con las interrupciones por ensayar. Habéis abierto la caza, habéis pescado; me habéis mandado codornices y truchas; nos las hemos comido. ¿Y qué?...

¡Ah! como he plantado aquí el discurso y las interrupciones, para pedir un permiso.

—Es el ciento treinta y siete que inscribo esta semana —me ha dicho el presidente.

Estaba fastidiado. Este señor Target me ha decidido a esperar. ¡Ah! es un hombre encantador ¡y cómo comprende las aspiraciones de la Asamblea!

...Anatolio, os mando su fotografía para el álbum de Sidonia. Hacedla poner en un buen lugar, entre el general Du Temple y el señor de Bel-Castel, que me honran con sus confidencias.

Saldremos hacia fin de mes: hay todavía bellos días en octubre; ya sabéis, esos hermosos soles que atraviesan la niebla y disipan... disipan... ¡Ya me comprendéis! No, no soy poeta yo; ¡soy orador!

* * *

Se ha tenido paciencia en la Cámara hasta estas horas, gracias a los consejos de guerra y a la propuesta Ravinel.

¡Oh, consejos de guerra!... ¡Vaya! Estamos como los ángeles, querido. La opinión de la gente honrada ha conmovido profundamente a estos valientes jueces militares, descarriados un momento por los senderos tortuosos de la clemencia y la compasión. Ahí les tenéis en el buen camino, en el camino recto, justos ahora, pero sobre todo severos. ¿Habéis visto cómo han condenado a Pipe-en-Bois?... ¡También nosotros tenemos nuestra revancha, ciudadanos de la *Commune*!

Y además, Anatolio, no he de ocultároslo: hacía falta un ejemplo. Que no se diga que se pudo estar, impunemente, al lado de Gambetta.

¡Gambetta!... Tened: cuando pienso, a veces, que Sidonia estuvo loca por él durante tres semanas, eso enturbia mis noches... Decidle que se lo perdono. Ya verá, a la vuelta, cómo enseño los puños, bajo la tribuna, cuando nos reunimos entre amigos, para maldecir al dictador.

¡Ah! no se ha atrevido a abrir boca en el asunto Ravinel. En confianza, Anatolio, yo creo que le doy miedo. Me preguntaba, el otro día, en el parque, sin señalarme con el dedo, claro está: «Pero, ¿quién es ese brasileño?» Sidonia dice que me tiño demasiado; pero, ¡puesto que esto me da ese aire feroz...!

No importa, por mucho que le haya mostrado el puño a la izquierda no hemos podido arramblar ese asunto Ravinel. Nosotros nos quedamos en Versalles, indefinidamente; pero los servicios públicos no vienen a instalarse aquí.

¿Y qué?... ¿A mí qué me importa? A mí me gusta lo provisional. Versalles es un barrio de París y, por lo tanto, no es París. Todo está ahí: estar y no estar en París.

Si se nos hubiese propuesto Nantes o Lyon, o Burdeos, lo hubiésemos rechazado limpiamente. En primer lugar, son ciudades revolucionarias; la guardia nacional allí, no está disuelta todavía y los consejeros municipales son vergonzosamente republicanos. ¡Ah mi pobre amigo! en provincias no se está seguro en ninguna parte. ¡Quizá, no obstante, en Saint-Magloire!... Esto es una idea; me presentaréis un proyecto de enmienda a mi regreso.

Pero, en principio, comprendéis, no me habléis de radicarnos a cincuenta o a doscientas leguas de París. En Burdeos se estaba bien después de la guerra. Se estaba junto a Libourne y Arcachon. Teníamos necesidad de aire puro después de tantas emociones y París no podía procurarnos ese aire puro. Algunos millares de imbéciles se habían hecho matar de manera idiota en los suburbios pese al general Trochu; en la ciudad habían muerto cinco mil setecientas personas en ocho días, pobres víctimas de una estúpida obstinación... Ahora es otra cosa y ya me estáis viendo hecho un medio-parisino. Que el presidente haya dicho o no: «¡Señores, se levanta la sesión!» yo tomo el tren de las cinco y media. Es encantador por la ribera de la izquierda. Y además ¡qué encuentros en el ferrocarril! ¡También a vos os agrada lo imprevisto, Anatolio!

A las siete, ceno en el Café de Orsay, o en casa Ledoyen. A las ocho, dejo de ser diputado, dejo de ser barón, si me da la gana; dejo de ser Petdechèvre, y me convierto en un noble extranjero perdido por París.

Anatolio, esta carta es una carta política, carta secreta para la baronesa y para Sidonia: pero si alguna vez llegáis a ser diputado, acordaos que la felicidad y la verdad están en los términos medios. El día en Versalles, la noche en París: es la única solución satisfactoria para el gran asunto Ravinel.

Jehan-Godefroid-Adalbert-Carolus-Adamastor
barón de PETDECHÈVRE

Por la copia más o menos conforme:

JEAN MARCEL.

P. S. — ¡Vaya, vaya! menudas noticias las que recibo por el último correo. Pero, ¿quién ha revolucionado Saint-Magloire? ¡Entre 287 electores, 233 han votado por la disolución!... Anatolio, ¡voy a pedir un permiso!... Por lo menos ¿puede uno arriesgarse, ahí abajo?

Este texto, jugado como auténtico de Rimbaud, apareció en el periódico *Nord-Est* el 16 de septiembre de 1871. Se trata de una sátira política ridiculizando al extremo la posición de los enemigos de la *Commune*.

MAÑANA

¿Tuve *una vez,* una juventud agradable, heroica, fabulosa, como para ser escrita sobre páginas de oro? —¡demasiada suerte! ¿Por qué crimen, por qué error, he merecido mi flaqueza actual? Vosotros que pretendéis que existen animales que lloran de pena, enfermos que se desesperan, muertos que sueñan mal, probad de explicar mi caída y mi sueño. Yo no puedo explicarme mejor que como lo hace el mendigo con sus sempiternos *Pater* y *Ave Maria. ¡Yo ya no sé hablar!*

No obstante, hoy creo haber terminado el relato de mi infierno. Verdaderamente, era el infierno: el antiguo, aquél del que el Hijo del hombre abrió las puertas.

Siempre en el mismo desierto, en la misma noche, mis ojos cansados se despiertan ante la estrella de plata, sin que se conmuevan los reyes de la vida, los tres magos, el corazón, el alma, el espíritu. ¿Cuándo iremos más allá de las playas y los montes, a saludar el nacimiento del trabajo nuevo, la nueva sabiduría, la huida de los tiranos y de los demonios, el fin de la superstición, para adorar —¡los primeros!— la Navidad en la tierra?

¡El canto de los cielos, la marcha de los pueblos! Esclavos, no maldigamos la vida.

MALA SANGRE

He heredado de mis antepasados galos, el ojo azul claro, la frente estrecha y la torpeza en la lucha. Encuentro mi vestimenta tan bárbara como la suya. Pero yo no engraso mi melena.

Los galos eran los desolladores de animales, los quemadores de hierba más ineptos de su tiempo.

Conservo de ellos: la idolatría y el amor a lo sacrílego; —¡oh! todos los vicios, cólera, lujuria, —magnífica la lujuria—; sobre todo mentira y pereza.

Siento horror por todos los oficios. Patronos y obreros, todos campesinos, innobles. La mano que escribe vale lo mismo que la mano que ara. —¡Qué siglo de manos!—. Mi mano nunca será mía. Además, la domesticidad lleva demasiado lejos. La honestidad de la mendicidad me aturde. Los criminales me dan asco como los castrados: yo estoy intacto; pero me da lo mismo.

Pero, ¿quién ha hecho mi lengua de tal modo pérfida, que haya podido guiar y salvaguardar hasta aquí, mi pereza? Sin ni siquiera servirme de mi cuerpo para vivir, y más holgazán que el sapo, he vivido en todas partes. No hay una familia en Europa que yo no conozca. —Me refiero a familias como la mía, que lo deben todo a la declaración de los Derechos del Hombre—. ¡He conocido cada hijo de familia!

* * *

¡Si, por lo menos, tuviese antecedentes en cualquier lugar de la historia de Francia!

Pero no, nada.

Me resulta evidente que siempre he sido de raza inferior. No llego a comprender la sublevación. Mi raza sólo se subleva para el pillaje: lo mismo que los lobos para con la bestia que no han matado.

Me acuerdo de la historia de Francia, hija primogénita de la Iglesia. Yo habría hecho, miserable, el viaje a Tierra Santa; tengo en la cabeza los senderos de las llanuras suabas, vistas de Bizancio, las murallas de Solima,[1] el culto a María, la ternura por el Crucificado se despiertan en mí entre mil hechicerías profanas. Estoy sentado, leproso, entre los cacharros rotos y las ortigas al pie de un muro comido por el sol. Más tarde, reitre, habría vivaqueado bajo las noches de Alemania.

¡Ah! todavía ahora danzo el sabbat, en una calva rojiza con viejas y chiquillos.

No me acuerdo de nada, más allá de esta tierra y del cristianismo. Nunca acabaré de verme metido en este pasado. Pero siempre solo; sin familia; y, además, ¿qué lengua hablaba? No me veo, de ningún modo, en los consejos de Cristo; ni en los consejos de los señores, representantes de Cristo.

¿Qué era yo en el siglo pasado? Sólo me encuentro ahora. Basta de vagabundos, basta de guerras inciertas. La raza inferior lo ha cubierto todo —el pueblo, como dicen, la razón; la nación y la ciencia.

¡Oh! ¡la ciencia! Todo se ha recuperado. Para el cuerpo y para el alma —el viático— están la medicina y la filosofía, los remedios de las buenas mujeres y las canciones populares arregladas. ¡Y las diversiones de los príncipes y los juegos que ellos prohibían! ¡Geografía, cosmografía, mecánica, química!...

1. Solima es el nombre bíblico de Jerusalén.

¡La ciencia, la nueva nobleza! El progreso. ¡El mundo que adelanta! Y ¿por qué no ha de girar?

Es la visión de los números. Vamos hacia el *Espíritu*. Es muy cierto, es un oráculo lo que yo digo. Comprendo, y no sabiendo expresarme sin palabras paganas, quisiera enmudecer.

* * *

¡La sangre pagana vuelve! El Espíritu está próximo, ¿por qué Cristo no me ayuda, dando a mi alma nobleza y libertad? ¡Ay! ¡El Evangelio ha pasado! ¡El Evangelio! el Evangelio.

Espero a Dios con glotonería. Soy de raza inferior desde toda la eternidad.

Heme aquí en la playa armoricana. Las ciudades se iluminan por la noche. Terminó mi jornada; abandono Europa. El aire marino quemará mis pulmones; los climas perdidos me curtirán. Nadar, machacar la hierba, cazar, fumar sobre todo; beber licores fuertes como de metal hirviente —como hacían esos queridos antepasados alrededor del fuego.

Volveré con miembros de hierro, la piel oscura, el mirar furioso: por mi máscara, se me juzgará de una raza fuerte. Tendré oro: seré vago y brutal. Las mujeres cuidan a estos feroces achacosos cuando vuelven de los países cálidos. Me mezclarán a los negocios políticos. Salvado.

Entretanto, soy un maldito, siento horror de la patria. Lo mejor, es soñar muy borracho, sobre la arena.

* * *

No nos vamos. —Volvamos a los caminos de aquí, cargado con mi vicio, el vicio que ha ahondado sus raíces de sufrimiento a mi lado, desde que tuve juicio— que sube al cielo, me pega, me tumba, me arrastra.

La última inocencia y la última timidez. Ya está dicho. No mostrar al mundo mis repugnancias y mis traiciones.

¡Vamos! La caminata, el fardo, el desierto, el aburrimiento y la cólera.

¿A quién me alquilo? ¿Qué bestia hay que adorar? ¿Qué santa imagen atacamos? ¿Qué corazones romperé? ¿Qué falsedad debo mantener? ¿Sobre qué sangre caminar?

Mejor será guardarse de la justicia. La vida dura, el simple embrutecimiento —levantar, el puño desecado, la tapa del féretro, sentarse, ahogarse. Así, nada de vejez ni de peligros: el terror no es francés.

—¡Ah! me siento tan abandonado que ofrezco a no importa qué divina imagen todos mis anhelos hacia la salvación.

¡Oh mi abnegación, oh mi caridad maravillosa! ¡Ahí abajo, no obstante!

De profundis Domine, ¡si seré bestia!

* * *

Cuando era un niño todavía, admiraba al presidiario insoportable sobre el que se cierne constantemente el presidio; visitaba los albergues y los tugurios que él había consagrado por su permanencia en ellos; veía *con su idea* el cielo azul y el trabajo florido del campo; husmeaba su fatalidad en las ciudades. Él tenía más fuerza que un santo, más buen sentido que un viajero —y él, ¡sólo él! como testimonio de su gloria y de su razón.

Por los senderos, en las noches de invierno, sin refugio, sin ropa, sin pan, una voz oprimía mi corazón helado: «Debilidad o fuerza; hela aquí, es la fuerza. Tú no sabes por donde vas ni por qué vas, entra por todo, responde a todo. No van a matarte más que si fueses un cadáver». Por la mañana, tenía la mirada tan perdida y la continencia tan muerta, que aquellos a quienes he encontrado, *tal vez ni me han visto.*

En las ciudades, el fango me parecía, de pronto, rojo y negro, como un espejo cuando la lámpara circula por la habitación vecina como un tesoro en el bosque. Buena suerte, gritaba, y veía un mar de llamas y la humareda en el cielo; y a la izquierda y a la derecha, todas las riquezas llameando como millares de centellas.

Pero la orgía y la camaradería de las mujeres me estaban prohibidas. Ni siquiera un compañero. Me veía ante una multitud desesperada, ante un piquete de ejecución, llorando por la desgracia de que no pudiesen comprender, y perdonando. —¡Como Juana de Arco!—. «Sacerdotes, profesores, maestros, os engañáis entregándome a la justicia. Nunca he pertenecido a este pueblo; nunca fui cristiano; soy de la raza de los que cantan en el tormento; no comprendo las leyes; no tengo sentido moral; soy un bruto: os equivocáis...»

Sí, tengo los ojos cerrados a vuestra luz. Soy una bestia, un negro. Pero puedo ser salvado. Vosotros sois falsos negros, maníacos, feroces, avaros. Mercader, eres negro; magistrado, eres negro; general, eres negro; emperador, vieja carroña, eres negro; has bebido un licor no tasado, de la fábrica de Satán. —Este pueblo está inspirado por la fiebre y el cáncer. Inválidos y viejos son tan respetables que piden ser hervidos. —Lo más astuto es abandonar este continente, donde ronda la locura para proveer de rehenes a estos miserables. Entro en el verdadero reino de los hijos de Cam.

¿Conozco a la naturaleza, todavía? ¿Me conozco a mí mismo? *Basta de palabras.* Entierro a mis muertos en mi vientre. ¡Gritos, tambor, danza, danza, danza, danza! No se me alcanza de ver la hora en que, desembarcando los blancos, caeré en la nada.

¡Hambre, sed, gritos, danza, danza, danza, danza!

* * *

Los blancos desembarcan. ¡El cañón! Hay que someterse al bautismo, vestirse, trabajar.

He recibido el golpe de gracia en el corazón. ¡Ah, no lo había previsto!

No hice nada malo. Los días van a ser ligeros, me ahorraré el arrepentimiento. No he sufrido los tormentos del alma casi muerta para el bien y en la que asciende la luz severa como los cirios funerarios. La suerte del hijo de familia, féretro prematuro cubierto de límpidas lágrimas. Sin duda la orgía es bestia, el vicio es bestia, hay que apartar a un lado la podredumbre. Pero el reloj no habrá llegado a sonar sólo la hora del puro dolor. Voy a ser raptado como un niño para jugar en el paraíso en el olvido de toda desgracia.

¡De prisa! ¿es que hay otras vidas? El sueño en la riqueza es imposible. La riqueza siempre ha sido un bien público. Sólo el amor divino otorga las llaves de la ciencia. Veo que la naturaleza no es más que un espectáculo de bondad. Adiós quimeras, ideales, errores.

El canto razonable de los ángeles se eleva del navío salvador: es el amor divino. —¡Dos amores! puedo morir por el amor terreno, morir de abnegación. He dejado almas cuya pena se acrecentará con mi partida. Me recogeréis entre los náufragos: ¿acaso los que se quedan no son mis amigos?

¡Salvadles!

Me ha nacido la razón. El mundo es bueno. Bendeciré la vida. Amaré a mis amigos. Ya no se trata de las promesas de la infancia. Ni de la esperanza de escapar a la vejez y a la muerte. Dios es mi fuerza y yo alabo a Dios.

* * *

El aburrimiento ya no es mi amor. Las violencias, los libertinajes, la locura, de la que conozco todas las acometidas y los desastres, descargué todo mi fardo. Apreciemos sin vértigo, la extensión de mi inocencia.

Ya no sería capaz de pedir el consuelo de un apaleamiento. No me creo embarcado a una boda con Jesucristo como suegro.

No soy prisionero de mi razonamiento, he dicho: Dios. Quiero la libertad en la salvación, ¿cómo conseguirla? Los gustos frívolos me han abandonado. Ya no me hace falta ni abnegación ni amor divino.

No echo de menos el siglo de los corazones sentimentales. Cada uno tiene su razón, menosprecio y caridad: mantengo mi plaza en la cima de esta angélica escalera de buen sentido.

En cuanto a la felicidad establecida, doméstica o no... no, no puedo con ella. Soy demasiado disipado, demasiado débil. La vida florece por el trabajo, vieja verdad: en cuanto a mí, mi vida no es suficientemente pesada, vuela y flota lejos, por encima de la acción, ese punto justo del mundo.

Como me voy convirtiendo en solterona, ¡sin valor suficiente para amar la muerte!

Si Dios me concediera la tranquilidad celestial, aérea, la plegaria —como a los antiguos santos—. ¡Los santos! ¡los fuertes! ¡los anacoretas, artistas como ya no los hay!

¡Farsa continua! Mi inocencia me haría llorar. La vida es la farsa que todos representamos.

* * *

¡Basta! He aquí el castigo. *¡En marcha!*

¡Ah! los pulmones se abrasan, los pulsos gruñen! ¡la noche rueda ante mis ojos con este sol! el corazón... los miembros...

¿Dónde vamos? ¿Al combate? ¡Soy débil! Los demás avanzan. ¡Los utensilios, las armas... el tiempo!...

¡Fuego! ¡Fuego sobre mí! ¡Aquí donde me rindo! —¡Cobardes!— ¡Me mato! ¡Me lanzo a los pies de los caballos!

—¡Ah!...

¡Ésta sería la vida francesa, el camino del honor!

NOCHE DEL INFIERNO

He tomado un formidable trago de veneno. —¡Que sea por tres veces alabado el consejo que me llegó!—. Me arden las entrañas. La violencia del veneno tritura mis miembros, me convierte en deforme, me derriba. Me muero de sed, me ahogo, no puedo gritar. ¡Es el infierno, las penas eternas! ¡Ved cómo se levanta el fuego! Me quemo como es debido. ¡Venga, demonio!

Había vislumbrado la conversión al bien, a la felicidad, a la salvación. Puedo describir la visión ¡el aire del infierno no soporta los himnos! Eran millones de criaturas encantadoras, un suave concierto espiritual, la fuerza y la paz, las nobles ambiciones, ¿yo qué sé?

¡Las nobles ambiciones!

Y esto ¡es la vida todavía! ¡Si la condenación es eterna! Un hombre que quiere mutilarse, está condenado, ¿verdad? Yo me creo en el infierno, luego estoy en él. Es la ejecución del catecismo. Soy esclavo de mi bautismo. Padres, habéis hecho mi desgracia y la vuestra. ¡Pobre inocente! ¡El infierno no puede atacar a los paganos! —¡Esto es la vida todavía!— Más tarde, las delicias de la condenación serán más profundas. Un crimen, de prisa, que yo caiga en la nada según la ley humana.

¡Cállate, pero cállate!... Aquí está la vergüenza, el reproche: Satán, quien dice que el fuego es innoble, que mi cólera es espantosamente tonta. —¡Basta!... Errores que me apuntan, magias, perfumes embusteros, músicas pueriles. —Y decir que estoy en posesión de la verdad, que veo la justicia: tengo un juicio sano y seguro, estoy dispuesto para la perfección... Orgullo—. La piel de mi cabeza se seca. ¡Piedad! Señor, tengo miedo. ¡Tengo sed, tanta sed! ¡Ah! la infancia, la hierba, la lluvia, el lago sobre las piedras, *el claro de luna cuando en el campanario daban las doce*... el diablo está en el campanario a esta hora. ¡María! ¡Virgen Santa!... Horror de mi tontería.

Allí abajo, no hay almas honestas que me quieran bien... Venid... Tengo una almohada encima de la boca, no me oyen, son fantasmas. Además, nunca piensa nadie en los demás. Que no se acerquen. Huelo a quemado, es cierto.

Las alucinaciones son innumerables. Se trata verdaderamente de lo que siempre he temido: ya no hay fe en la historia, olvido de los principios. Me callaré: los poetas y los visionarios se pondrían celosos. Soy mil veces el más rico, sea avaro como el mar.

¡Vaya! El reloj de la vida acaba de detenerse. Ya no estoy en el mundo. —La teología es algo serio: el infierno indudablemente está *abajo* —y el cielo arriba—. Éxtasis, pesadilla, sueño en un nido de llamas.

Cuántas malicias en la atención del campo. Satán, Pateta, corre con las semillas salvajes... Jesús anda sobre los zarzales purpúreos sin doblarlos... Jesús andaba sobre las aguas turbulentas. La linterna nos lo mostró de pie, blanco y con trenzas oscuras, en el flanco de una ola esmeralda...

Voy a descorrer el velo de todos los misterios: misterios religiosos o naturales, muerte, nacimiento, futuro, pasado, cosmogonía, nada. Soy maestro en fantasmagorías.

¡Escuchad!...

¡Tengo todos los talentos! —No hay nadie aquí y alguien hay: no quisiera desperdigar mi tesoro. ¿Quieren cantos negros, danzas de huríes? ¿Quieren que desaparezca, que me sumerja en busca del *anillo?* ¿Eso quieren? Fabricaré oro, medicinas.

Entonces, confiad en mí; la fe tranquiliza, guía, cura. Venid todos —hasta los pequeños— que yo os consuele, que se derrame para vosotros su corazón, ¡el maravilloso corazón! ¡Pobres hombres laboriosos! Yo no pido oraciones; sólo con vuestra confianza ya seré feliz.

Y pensemos en mí. Esto hace que eche muy poco de menos el mundo. Tengo la suerte de que ya no sufro. Mi vida no fue más que dulces locuras, es lamentable.

¡Bah! Hagamos todas las muecas imaginables.

Decididamente estamos fuera del mundo. No hay sonido. Desapareció mi tacto. ¡Ah, mi castillo, mi Sajonia, mi bosque de sauces! Las tardes, las mañanas, las noches, los días... Estoy cansado.

Debería tener mi infierno para la cólera, mi infierno para el orgullo, y el infierno de la caricia; un concierto de infiernos.

Me muero de cansancio. Es la tumba, me voy hacia los gusanos ¡horror del horror! Satán, farsante, quieres diluirme con tus encantos. Reclamo ¡Reclamo! una horconada, una gota de fuego.

¡Ah, volver a la vida! Echar una ojeada sobre nuestras deformidades. ¡Y esta ponzoña, este beso mil veces maldito! ¡Mi debilidad, la crueldad del mundo! ¡Piedad, Dios mío, escondedme, me sostengo muy mal! —Estoy escondido y no lo estoy.

Es el fuego que se reanima con su condenado.

DESVARÍOS

I

Virgen loca
El esposo infernal

Oigamos la confesión de un compañero de infierno:

«Oh mi divino Esposo, mi Señor; no rehuséis la confesión de la más triste de vuestras servidoras. Estoy perdida. Estoy ebria. Soy impura. ¡Qué vida!

»¡Perdón, divino Señor, perdón! ¡Oh, perdón! ¡Cuántas lágrimas! Y ¡cuántas lágrimas todavía, más tarde, espero!

»¡Mas tarde conoceré al divino Esposo! Nací a Él sometida. El otro, entre tanto, puede pegarme.

»Ahora me encuentro en el fondo del mundo. Oh mis amigas... no; no mis amigas... Jamás desvaríos ni torturas semejantes... ¡Es bestia!

»¡Ah!, sufro, grito. Verdaderamente sufro. No obstante todo me está permitido, cargada con el menosprecio de los más menospreciables corazones.

»En fin, hagamos esta confidencia, presto a repetirla otras veinte veces, tan mustia, tan insignificante.

»Soy esclava del esposo infernal, el que ha perdido a las vírgenes locas. Es verdaderamente aquel demonio. No es un espectro, no es un fantasma. Pero yo que he perdido el juicio, que estoy condenada y muerta para el mundo —¡no se me matará!— ¿Cómo describíroslo? Ni siquiera sé hablar. Estoy de luto, lloro, tengo miedo. Un poco de frescor, Señor, si queréis, si queréis de veras.

»Soy viuda... —Era viuda...— sí, he sido muy formal en otro tiempo y no he nacido para convertirme en esqueleto... Él era casi un niño. Sus delicadezas misteriosas me habían seducido. He olvidado todo mi deber humano para seguirle. ¡Qué vida! La verdadera vida está ausente. No estamos en este mundo. Voy a donde él va, es preciso. Y a menudo se enoja conmigo, *conmigo la pobre alma.* ¡El demonio! — Es un demonio, ¿sabéis? *no es un hombre.*

»Él dice: "No me gustan las mujeres. El amor hay que inventarlo de nuevo, es cosa sabida. Ellas sólo pueden desear una posición asegurada. La posición ganada, corazón y belleza son cosa aparte; sólo queda el frío desdén, alimento del matrimonio hoy en día. O bien veo mujeres con apariencias de felicidad que yo hubiese podido convertir en buenas compañeras, devoradas ante todo por brutos sensibles como hogueras..."

»Le escucho convirtiendo la infamia en gloria y la crueldad en encanto. "Soy de una raza lejana: mis padres eran escandinavos: se rompían las costillas, bebían su sangre. Yo me haré cortes por todo el cuerpo, me tatuaré, quiero convertirme en algo horrible, como un mogol; verás, ahullaré por las calles. Quiero convertirme en loca rabiosa. No me enseñes nunca joyas, me arrastraré y me revolcaré por la alfombra. Mi riqueza la querré manchada de sangre por todos lados. Jamás trabajaré..." Muchas noches, su demonio se apoderaba de mí y nos revolcábamos, ¡luchaba con él! Las noches, a menudo, borracho, se planta en las calles o dentro de las casas, para asustarme. "Verdaderamente me cortarán el cuello, será repugnante." ¡Oh! ¡Estos días en los que él quiere andar con el aire del crimen!

»A veces habla en una especie de jerga tierna, de la muerte que hace arrepentir, de los desgraciados que indudablemente existen, de trabajos penosos, de las ausencias que parten el corazón. En los cuchitriles donde nos embriagábamos, lloraba contemplando a los que nos rodeaban, ganado de miseria. Levantaba a los borrachos en las calles negras. Tenía la compasión de una mala madre para con los niños. Se marchaba con monerías de chicuela, al catecismo. Fingía conocerlo todo, comercio, arte, medicina. Yo le seguía, ¡es necesario!

»Veía todo el decorado con que, en espíritu se rodeaba: vestidos, sábanas, muebles: yo le atribuía armas, otra figura. Veía todo lo que le concernía como él hubiese querido crearlo para sí. Cuando me parecía tener el espíritu inerte, le seguía en sus acciones extrañas y complicadas, lejos, buenas o malas: estaba segura de que jamás lograría entrar en su mundo. Al lado de su amado cuerpo dormido ¡cuántas horas de la noche en vela, buscando por qué quería tanto escapar a la realidad! Jamás ningún hombre tuvo semejante propósito. Reconocía —sin temor por él— que podía ser un serio peligro para la sociedad. ¿Tiene, tal vez, secretos para *cambiar la vida*? No, no hace más que buscarlos, me contestaba. En fin, su caridad está embrujada y yo soy prisionera de ella. Ninguna otra alma tendría bastante fuerza ¡fuerza de la desesperación! para soportarla, para ser protegida y amada por él. Por otra parte, no podía imaginarle con otra alma: uno ve su ángel, nunca jamás el ángel de otro, me parece. Yo estaba en su alma como en un palacio que se ha vaciado para no ver una persona tan poco noble como tú: esto es todo. ¡Ay! dependía de él, absolutamente. Pero ¿él, qué quería con mi existencia gris y cobarde? ¡No me hacía mejor si no me hacía morir! Tristemente despechada le decía a veces: "Te comprendo". Él se encogía de hombros.

»Así mi pena se renovaba sin cesar, me sentía más perdida a mis ojos —como a todos los ojos que hubiesen querido mirarme si no estuviese condenada, para siempre, al olvido de todos—. Cada vez tenía más hambre de bondad. Con sus besos y sus abrazos amigos, era un verdadero cielo, un cielo oscuro donde yo entraba y donde hubiese querido ser abandonada, pobre, sorda, muda, ciega. Empezaba a estar acostumbrada. Yo, consideraba que éramos como dos buenos chiquillos libres de pasearse por el paraíso de la tristeza. Estábamos de acuerdo. Muy emocionados, trabajábamos juntos. Pero, después de una penetrante caricia, decía: "Como te parecerá extraño, cuando yo ya no esté, esto por lo que tú has pasado. Cuando ya no tendrás mis brazos bajo el cuello, ni mi corazón para tu reposo, ni esta boca sobre tus ojos. Porque, algún día, será preciso que yo me vaya, muy lejos. Ya que es preciso que ayude a otras: es mi deber. Aunque esto no sea muy excitante... alma querida..." En seguida me presentía, cuando se había ido, presa del vértigo, precipitada en la más espantosa sombra: la muerte. Le hacía prometer que no me abandonaría. Veinte veces me hizo esta promesa de amante. Era tan frívolo como yo cuando le decía: "Te comprendo".

»¡Ah! nunca jamás estuve celosa de él. Creo que no me abandonará jamás. ¿Qué sería de él? No tiene ni un amigo, no trabaja nunca. Quiere vivir sonámbulo. Únicamente su caridad y su bondad ¿le darían algún derecho a ese mundo real? Hay momentos en que olvido la compasión en la que he caído: él me hará fuerte, viajaremos, cazaremos en los desiertos, dormiremos sobre las losas de ciudades desconocidas, sin cuidados, sin penas. Donde me despertaré, las leyes y las costumbres habrán cambiado —gracias a su poder mágico—, el mundo, siendo el mismo, me dejará con mis deseos, mis alegrías, mi molicie. ¡Oh! la vida que existe en los libros de aventuras infantiles, para recompensarme a mí que he sufrido tanto ¿me la darás tú? No puede. Ignoro su ideal. Me ha dicho que tiene penas, esperanzas: esto no debe importarme. ¿Habla con Dios? Quizás yo debiera dirigirme a Dios. Estoy en lo más profundo del abismo, y ya no sé rezar.

»¿Si me contara sus tristezas, las comprendería mejor que sus burlas? Me ataca, se pasa horas avergonzándome de todo lo que ha podido emocionarme en este mundo, y se indigna si lloro.

»—¿Ves este joven elegante que entra en la hermosa y tranquila casa? se llama Duval, Dufour, Armando, Mauricio ¿yo qué sé? Una mujer se ha consagrado a amar a este malvado idiota: ella ha muerto, seguro que, ahora, es una santa en el cielo. Tú me harás morir como él hizo morir a esa mujer. Es nuestro destino, el destino de los corazones caritativos... "¡Ay! había días en que todos los hombres que se agitaban le parecían juguete de grotescos desvaríos: se reía horriblemente durante mucho rato. Luego volvía a sus maneras de madre joven, de hermana querida. ¡Si no fuese tan salvaje estaríamos salvados! Pero hasta su dulzura es mortal. Estoy sometida a él. ¡Ah, estoy loca!

»Un día, tal vez, desaparecerá maravillosamente; pero es preciso que yo sepa si va a subir al cielo, que vea un poco la asunción de mi joven amigo!».

¡Vaya matrimonio!

DESVARÍOS

II

Alquimia del verbo

Sobre mí. Historia de una de mis locuras.

Desde hace mucho tiempo presumía de conocer todos los paisajes posibles y encontraba ridículas las celebridades de la pintura y de la poesía moderna.

Me gustaban las pinturas idiotas, las portadas, los decorados, las telas de saltimbanquis, las muestras, las estampas populares, la literatura pasada de moda, el latín de iglesia, los libros eróticos sin ortografía, las novelas de nuestros abuelos, los cuentos de hadas, los pequeños libros para niños, las viejas óperas, los estribillos tontos, los ritmos ingenuos.

Soñaba con cruzadas, viajes de descubrimientos de los que no existen crónicas, repúblicas sin historia, guerras de religión sofocadas, revoluciones de costumbres, desplazamientos de razas y de continentes: creía en todos los encantamientos.

¡Inventé el color de las vocales! *A* negra, *E* blanca, *I* roja, *O* azul, *U* verde. Regulé la forma y el movimiento de cada consonante y, con ritmos instintivos, presumí de inventar un verbo poético accesible, un día u otro, a todos los sentidos. Me reservaba la traducción.

Fue, de momento, un estudio. Escribí silencios, noches; anoté lo inexpresable. Fijé vértigos.

* * *

Alejado de pájaros, rebaños y aldeanos,
en un brezal cualquiera, agachado bebía,
rodeado de tiernos boscajes de avellanos,
en una tarde breve y tibia de neblina.

¿Qué podía beber en este joven Oise,
oscuro cielo, olmo sin voz, césped sin flor,
en verde calabaza y lejos de mi choza?
Algún licor de oro, ñoño que da sudor.

Yo poco he de servir de muestra de taberna.
Un temporal el cielo oscureció. Más tarde
corrió el agua del bosque por las arenas finas
en los charcos el viento carámbanos echaba;

llorando veía el oro —y no pude beber.

* * *

En estío, a las cuatro de la mañana,
el sueño de amor perdura todavía,
y el perfume de la festiva tarde,
en los bosquecillos, evapora el día.

Pero a lo lejos, con inmensa prisa,
hacia el sol de las Hespérides,
se agitan en mangas de camisa,
los carpinteros.

En su desierto tranquilos están,
labrando el sutil artesonado,
bajo cuyo falso cielo reirán,
los ricos ciudadanos.

¡Ah! para estos obreros fascinantes,
súbditos de un rey de Babilonia,
deja, Venus, un poco tus amantes,
cuya alma es tu gloria.

¡Oh reina de los pastores!
Lleva a los obreros el agua de la vida,
para que sus fuerzas en paz demoren
mientras esperan el baño de mar del mediodía.

* * *

La antigualla poética tenía mucho que ver en mi alquimia del verbo.

Me acostumbré a la simple alucinación: veía muy claramente una mezquita donde había una fábrica, un grupo de tamborileros formado por ángeles, calesas por los caminos del cielo, un salón en el fondo de un lago, monstruos, misterios; un título de vodevil erigía espantajos frente a mí.

Luego expliqué mis sofismas mágicos con la alucinación de las palabras.

Acabé por creer sagrado el desorden de mi espíritu. Estaba ocioso, preso de una pesada fiebre: envidiaba la felicidad de los animales —¡las orugas que representaban la inocencia del limbo, los topos, el sueño de la virginidad!

Mi carácter se agriaba. Dije adiós al mundo en cierta clase de romances:

Canción de la más alta torre

¡Si el tiempo viniera
en que se quisiera!

Con mi paciencia
jamás he olvidado;
temores y penas

al cielo han marchado.
Y la sed malsana
apagó mis venas.

¡Si el tiempo viniera
en que se quisiera!

Tal es la pradera
al olvido dada
en auge y florida

de incienso y de grama.
Bordoneo hosco
de cien feas moscas.

¡Si el día volviera
en que se quisiera!

Me gustaba el desierto, los vergeles quemados, las tiendas antiguas, las bebidas tibias. Me arrastraba por las callejuelas malolientes y con los ojos cerrados me ofrecía al sol, dios del fuego.

«General, si queda un viejo cañón sobre tus murallas ruinosas, bombardéanos con adobes de tierra seca. ¡A los cristales de los almacenes espléndidos! ¡A los salones! Haz que la ciudad trague su polvo. Oxida las gárgolas. Llena los gabinetes femeninos con polvo de rubíes ardiente...»

¡Oh el mosquito borracho, en el meador del albergue, enamorado de la borraja y al que un rayo diluye!

HAMBRE

Yo sólo siento cierto gusto
por la tierra y el pedrusco.
Mi desayuno de aire quiero
de roca, carbón y de hierro.

Mi hambre pace por la pradera
mi hambre vuela.
Atrae la ponzoña jaranera
de la correjuela.

Los guijarros que se rompen,
las viejas piedras de iglesia,
cantos de viejos diluvios
por la pradera sembrados.

* * *

Bajo las hojas el lobo gritaba
escupiendo las hermosas plumas
de las aves que comió en su cena.
Igual que él yo me consuma.

Las ensaladas, las frutas
sólo esperan la cosecha
pero la araña del seto
sólo come violetas.

¡Que yo duerma! Y que yo hierva
en los altares de Salomón.
El caldo sobre el orín corre
y se aúna con el Cedrón.

En fin, oh felicidad, oh razón, separé del cielo el azur, que es negro, y viví, chispa de oro, de la luz *natura*. De alegría adoptaba una expresión bufonesca y desenvuelta en lo posible:

Encontré de nuevo,
¿qué?, la eternidad.
Del sol el sendero
va siguiendo el mar.

Alma centinela
confesión murmura,
a la noche nula
y al día de fuego.

Humanos sufragios
hálitos comunes,
de los que te huyes
y vuelas, tal vez

Espera, no habría,
orietur, *nulo.*
Ciencia y paciencia
suplicio seguro.

Encontré de nuevo
¿qué?, la eternidad.
Del sol, el sendero
va siguiendo el mar.

* * *

Me convertí en una ópera fabulosa: vi que todos los seres tienen una fatalidad de felicidad; la acción no es la vida, sino una manera de estropear alguna fuerza, un enervamiento. La moral es la debilidad del cerebro.

Me parecía que, a cada ser, varias *otras* vidas le eran debidas. Ese caballero no sabe lo que se hace: es un ángel. Esta familia es una camada de perros. Ante varios hombres, hablaba en voz alta con un momento de una de sus otras vidas. — De ese modo he amado a un cerdo.

Ninguno de los sofismas de la locura —la locura que se encierra— ha sido olvidado por mí: podría repetirlos todos, tengo el sistema.

Mi salud se vio amenazada. Venía el terror. Caía en sueños de varios días y, una vez levantado, seguía con los sueños más tristes. Estaba maduro para la muerte, y por un camino de peligros, mi debilidad me conducía a los confines del mundo y de la Cimeria, patria de la sombra y de la tremolina.

Tuve que viajar, dispersar los sortilegios acumulados en mi cerebro. En el mar, al que amaba como si tuviese que lavarme alguna suciedad, veía levantarse la cruz consoladora. Había sido condenado por el arco iris. La felicidad era mi fatalidad, mi remordimiento, mi gusano: mi vida sería siempre demasiado inmensa para ser consagrada a la fuerza y a la belleza.

¡La felicidad! Su diente, dulce para la muerte, me advertía al cantar el gallo —*ad matutinum,* el *Christus venit*— en las más sombrías ciudades.

¡Oh estaciones y oh castillos!
¿Hay alguna alma sin defectillos?

Igual que todos, quise ensayar
la magia de la felicidad.

Que ella viva, digo y apruebo
si el gallo galo canta de nuevo.

El nuevo anhelo ya no me embarga
pues de mi vida ella se encarga.

¡Es un encanto! tomó alma y cuerpo
y ha dispersado todo el esfuerzo.

¡Oh estaciones y oh castillos!
La de su fuga, querrá la suerte
que sea la hora de mi muerte.

¡Oh estaciones y oh castillos!

* * *

Todo esto ya ha pasado. Ahora, sé saludar a la belleza.

Iluminaciones

DESPUÉS DEL DILUVIO

En cuanto la idea del diluvio se hubo calmado.

Una liebre se detuvo, entre los pipirigallos y las campanillas movedizas y elevó su plegaria al arco iris a través de la tela de araña.

¡Oh! las piedras preciosas que se escondían, las flores que ya acechaban.

En la gran calle sucia, se instalaron los tablajes y se arrastraron las barcas hacia el mar escalonado en lo alto, como en los grabados.

Corrió la sangre en casa de Barba Azul —en los mataderos—, en los circos, donde el sello de Dios hizo que palidecieran las ventanas. La sangre y la leche fluyeron.

Los castores edificaron. Los mazagranes humearon en los cafetines.

En la gran casa de cristales todavía chorreante, los niños enlutados contemplaron las maravillosas imágenes.

Traqueteó una puerta — y en la plaza de la aldea, el niño retorció sus brazos, abarcando las veletas y los gallos de los campanarios de todas partes, bajo la coruscante nubarrada.

La señora *** dispuso un piano en los Alpes. La misa y las comuniones se celebraron en los cien mil altares de la catedral.

Partieron las caravanas. Y el Hotel Espléndido se levantó en el caos de hielos y de noche del polo.

A partir de entonces, la Luna comprendió a los chacales lloriqueando por los desiertos de tomillo —y las églogas en zuecos gruñendo en el vergel. Luego, bajo la arboleda violeta abrotoñada, Eucaris me dijo que era la primavera.

Sordos, estanque; —espuma, escúrrete sobre el puente y por encima de los leños; —trapos negros y árganos —truenos y relámpagos —subid y rodad; —aguas y tristezas, subid y reavivad los diluvios.

Ya que, desde que se desvanecieron —¡oh piedras preciosas escondiéndose y flores abiertas!—, es un aburrimiento... y la reina, la hechicera, que enciende su brasa en el tarro de arcilla, nunca nos contará lo que ella sabe y nosotros ignoramos.

Esta prosa ha provocado un *diluvio* de interpretaciones que no nos corresponde analizar. Aclararemos únicamente que *Mazagran* es una ciudad de Argelia (departamento de Mostaganem) que se hizo famosa por el sitio que en 1840 sostuvieron 123 franceses contra 12.000 guerreros de Abd-el-Kader. Por entonces se dio este nombre a una bebida que se puso de moda y que consistía en café servido en un vaso con agua y aguardiente.

Eucaris es el nombre de la ninfa compañera de Calipso en el *Télémaque* de Fenelon.

INFANCIA

I

Este ídolo, de ojos negros y crin amarilla, sin padres ni reino, más noble que la fábula mejicana y flamenca; su dominio, azur y verdor insolentes, corre por las playas famosas, por las olas sin barcos, con nombres ferozmente griegos, eslavos, célticos.

En las lindes del bosque —las flores de ensueño tintinean, estallan, iluminan—, la muchacha de labios naranja, rodillas cruzadas en el claro diluvio que surge de los prados, desnudez que sombrean, atraviesan y visten, los arcos iris, la flora, el mar.

Damas que rondan por las terrazas vecinas del mar; infantiles y gigantescas, soberbias negras en la espuma verde-gris, joyeles enhiestos sobre el suelo graso de los bosquecillos y los jardincillos deshelados — jóvenes madres y hermanas mayores de miradas llenas de peregrinajes, sultanas, princesas de andadura y trajear tiránicos, pequeñas extranjeras y personas dulcemente desgraciadas.

Qué aburrida, la hora del «querido cuerpo» y «querido corazón».

II

Es ella la pequeña muerta, tras los rosales. — La joven mamá difunta desciende la escalinata. — La calesa del primo grita sobre la arena. — El hermanito (¡está en las Indias!) ahí, ante el poniente, sobre el prado de claveles. Los viejos que fueron enterrados de pie en la muralla de los alelíes.

El enjambre de hojas de oro circunda la casa del general. Están hacia el Sur. — Se sigue la ruta roja para llegar al albergue vacío. El castillo está en venta; las persianas desatadas. — El cura se habrá llevado la llave de la iglesia. — Alrededor del parque, las casillas de los guardianes están deshabitadas. Las vallas son tan altas que sólo se ven las cimas ruidosas. Por otra parte, no hay nada que ver ahí dentro.

Las praderas suben hasta los caseríos sin gallos, sin yunques. La esclusa está levantada. ¡Oh los calvarios y los molinos del desierto, las islas y las muelas!

Flores mágicas susurraban. Los taludes le acunaban. Circulaban animales de una elegancia fabulosa. Las nubes se amasaban sobre el alta mar hecha de una eternidad de lágrimas cálidas.

III

En el bosque hay un pájaro, su canto os detiene y sonroja.

Hay un reloj que no suena.

Hay una hondonada con un nido de bestias blancas.

Hay una catedral que desciende en un lago que sube.

Hay un cochecito abandonado en el soto, o que desciende por el sendero corriendo, engalanado.

Hay una compañía de pequeños cómicos disfrazados, que se adivinan en la carretera más allá de las lindes del bosque.

Hay en fin, cuando tenéis hambre y sed, alguien que os echa.

IV

Soy el santo que reza en la terraza, al igual que los pacíficos animales pastan hasta el mar de Palestina.

Soy el sabio en el sillón sombrío. Las ramas y la lluvia golpean la ventana de la biblioteca.

Soy el viandante del camino real de los bosques menudos; el rumor de las esclusas cubre mis pasos. Veo durante mucho rato la melancólica colada dorada del poniente.

Podría ser el niño abandonado en la escollera que partió para alta mar, el pequeño criado siguiendo la avenida, cuya frente toca el cielo.

Los senderos son ásperos. Los montículos se cubren de retama. El aire está inmóvil. ¡Cuán lejos están los pájaros y las fuentes! Avanzando, sólo puede haber el fin del mundo.

V

Que al fin me alquilen esta tumba, blanqueada con cal, con las aristas de cemento en relieve —muy bajo tierra.

Me acodo en la mesa, la lámpara ilumina muy fuertemente esos periódicos que soy idiota de releer, estos libros sin interés.

A una distancia enorme por encima de mi salón subterráneo, las casas se edifican, las brumas se acumulan. El fango es rojo y negro. Ciudad monstruosa, ¡noche sin fin!

Menos altas están las cloacas. A los lados, sólo el espesor del globo. Puede que las simas de azur, los pozos de fuego. Puede que sea en estos planos donde se encuentran lunas y cometas, mares y fábulas.

En las horas de amargura me imagino bolas de zafiro, de metal. Soy dueño del silencio. ¿Por qué una apariencia de tragaluz palidecería en el rincón de la bóveda?

Búsqueda de la soledad, del silencio, en lo más profundo. Silenciosamente penetrado de aquélla, recuerdos de la infancia, de paisajes y viajes. La *«petite morte, derrière les rosiers»* se ha pensado pueda ser la hermana Vitalie fallecida el 18 de diciembre de 1875. El *«petit frère»* puede ser el propio Arthur, hermano pequeño de la familia, que en 1876 estará en las Indias Neerlandesas.

CUENTO

Un príncipe se sentía vejado porque jamás se había dedicado a otra cosa que al perfeccionamiento de generosidades vulgares. Preveía sorprendentes revoluciones del amor y sospechaba que sus mujeres podían hacer algo más que ser complacientes, amenizándolo con cielo y con lujo. Quería ver la verdad, la hora del deseo y de la satisfacción esenciales. Fuese esto, o no fuese, una aberración piadosa, así lo quiso. Poseía, por lo menos, el suficiente poder humano.

Todas las mujeres que le habían conocido fueron asesinadas. ¡Qué saqueo en el jardín de la belleza! Bajo el sable, le bendecían. Ya no encargó otras nuevas. — Las mujeres reaparecieron.

Mató a todos aquellos que le seguían, después de la caza o de las libaciones. — Todos le seguían.

Se recreó degollando los animales de lujo. Mandó quemar los palacios. Se lanzaba sobre las gentes y les hacía pedazos. — La multitud, los techos de oro, los hermosos animales, existían no obstante.

Uno puede extasiarse en la destrucción, rejuvenecer con la crueldad. El pueblo no murmuró. Nadie ofreció el concurso de su opinión.

Una tarde galopaba audaz. Apareció un genio de una belleza inefable, incluso inconfesable. De su faz y de su porte surgía la promesa de un amor múltiple y complejo, de una felicidad indecible, incluso insoportable. El príncipe y el genio se aniquilaron probablemente en la salud esencial. ¿Cómo hubiesen podido dejar de morir en ella? Juntos, pues, murieron.

Pero el príncipe murió en su palacio, a una edad corriente. El príncipe era el genio. El genio era el príncipe.

La música sabia, falta a nuestro deseo.

FARSA

Bellacos fornidos. Muchos han explotado vuestros mundos. Sin necesidades y con poca prisa para poner en marcha sus brillantes facultades y su experiencia de vuestras conciencias. ¡Vaya hombres maduros! Ojos estúpidos, a la manera de las noches de verano, rojos y negros, tricolores, de acero tachonado de estrellas de oro; fisonomías deformes, plúmbeas, lívidas, incendiadas; ronqueras lascivas. El desfile cruel de los oropeles. Hay algunos jóvenes —¿cómo mirarían a Chérubin?— provistos de voces espantosas y de peligrosos recursos. Se les manda a presumir por la ciudad emperifollados con un *lujo* repugnante.

¡Oh el más violento paraíso de la mueca rabiosa! No existe comparación con vuestros faquires y las demás mojigangas escénicas. Con trajes improvisados, con un gusto de mal sueño, representan, trenos, tragedias de malandrines y de semidioses espirituales como la historia o las religiones jamás han tenido. Chinos, hotentotes gitanos, memos, hienas, Molocs, viejas locuras, demonios siniestros; barajan los giros populares maternos, con las posturas y ternezas bestiales. Interpretan piezas nuevas y canciones «ingenuas». Maestros juglares, transforman el lugar y las personas y se sirven de la comedia magnética. Los ojos llamean, la sangre canta, los huesos se alargan, las lágrimas y los hilillos rojos chorrean. Su burla o su terror dura un minuto, o meses enteros.

Sólo yo poseo la llave de esta farsa salvaje.

Innumerables las interpretaciones de este poema enigmático. Se sugiere un simple espectáculo de feria o de números de «music-hall» contemplado en el Soho de Londres. Se piensa en un desfile de estudiantes o soldados, que Rimbaud viera en Stuttgart. Otros proponen, como fuente de inspiración, una ceremonia religiosa contemplada en Milán en 1875. Se estima que se trata de una síntesis de cuanto provocara en él su odio por la civilización occidental: la religión y el militarismo.

La alusión a *Chérubin,* el personaje de Beaumarchais, tiene cabida porque al final del *Mariage de Figaro* aparece vestido de oficial. Cuando nombra la *comedia magnética* hace pensar, de nuevo, en los charlatanes de feria.

La voluntad de hermetismo de Rimbaud se patentiza en el sentimiento orgulloso de superioridad de la última frase.

ANTIGUO

¡Gracioso hijo de Pan! Alrededor de tu frente coronada de florecitas y de bayas tus ojos, rebullen bolas preciosas. Manchadas de heces oscuras, tus mejillas se ahondan. Tus colmillos relucen. Tu pecho parece una cítara, sus tañidos circulan por tus brazos rubios. Tu corazón late en este vientre donde duerme el doble sexo. Paséate, por la noche, meneando dulcemente esta cadera, esta segunda cadera y esta pierna izquierda.

BEING BEAUTEOUS

Ante una nieve un ser de belleza de gran altura. Silbidos de muerte y cercos de música sorda hacen subir, ensancharse y temblar como un espectro ese cuerpo adorado; heridas escarlatas y negras estallan en las carnes magníficas. Los colores propios de la vida se oscurecen, danzan y se desprenden alrededor de la visión, sobre la cantera. Y los escalofríos suben y gruñen, y el sabor frenético de estos efectos cargándose con los silbidos mortales y las roncas músicas que el mundo, lejos tras de nosotros, lanza sobre nuestra madre de belleza que retrocede y se yergue. ¡Oh! nuestros huesos están revestidos de un nuevo cuerpo amoroso.

* * *

¡Oh la faz cenicienta, el broquel de crin, los brazos de cristal! ¡El cañón sobre el que tengo que abatirme a través de la contienda de los árboles y del aire ligero!

VIDAS

I

¡Oh las enormes avenidas del país santo, las terrazas del templo! ¿Qué han hecho del brahmán que me explicó los proverbios? Desde entonces, de allí abajo, veo todavía las viejas. Recuerdo las horas de plata y de sol hacia los ríos, la mano de la campiña sobre mis espaldas, y nuestras caricias de pie en las llanuras salpimentadas. — Un vuelo de pichones escarlata retumba alrededor de mi pensamiento. — Exiliado aquí, he dispuesto de un escenario donde representar las obras maestras dramáticas de todas las literaturas. Os indicaré las riquezas inauditas. Observo la historia de los tesoros que encontrasteis. ¡Veo como siguen! Mi ciencia es tan menospreciada como el caos. ¿Qué representa mi nada, ante el estupor que os aguarda?

II

Soy un inventor de mucho más mérito que cuantos me han precedido; algo así como un músico que ha encontrado algo como la clave del amor. Ahora, gentilhombre de una campiña agria, de cielo sobrio, intento emocionarme con el recuerdo de la infancia menesterosa, del aprendizaje o de la llegada en zuecos, de las polémicas, de las cinco o seis viudeces y algunas francachelas en las que mi cabeza dura impidió que me pusiera al diapasón de los camaradas. No lamento mi vieja parte de alegría divina; el aire sobrio de esta agria campiña alimenta muy activamente mi atroz escepticismo. Pero como este escepticismo de ahora en adelante no puede ponerse en práctica, y que por otra parte estoy entregado a una nueva inquietud, espero convertirme en un loco muy malo.

III

En una buhardilla donde estuve encerrado a los doce años, conocí el mundo e ilustré la comedia humana. En una bodega aprendí la historia. En alguna velada nocturna en una ciudad del Norte encontré todas las mujeres de los antiguos pintores. En un viejo pasaje de París, me enseñaron las ciencias clásicas. En una magnífica morada rodeada por el Oriente entero he realizado mi inmensa obra y ha transcurrido mi ilustre retiro. He braceado mi sangre. Mi deber está cumplido. Ni siquiera hay que pensar en ello. Soy realmente la ultratumba, y nada de encargos.

PARTIDA

Visto bastante. La visión se ha encontrado en todos los aires.

Tenido bastante. Rumores de las ciudades, por la noche y al sol, y siempre.

Conocido bastante. Los altos de la vida. — ¡Oh rumores y visiones!

Partida hacia el afecto y el ruido nuevos.

REALEZA

Una hermosa mañana, en un pueblo muy tierno, un hombre y una mujer, soberbios, gritaban en la plaza pública: «Amigos míos, ¡quiero que ella sea reina!». «¡Quiero ser reina!». Ella reía y temblaba. Él hablaba a los amigos de revelación, de prueba cumplida. Se pasmaban uno contra otro.

En efecto, fueron reyes toda una mañana en la que los reposteros acarminados adornaron las casas, y toda la tarde durante la cual se adentraron por el lado de los jardines de palmeras.

A UNA RAZÓN

Un golpe de tu dedo sobre el tambor descarga todos los sones y empieza la nueva harmonía.

Un paso tuyo significa el alzamiento de los hombres nuevos y su puesta en marcha.

Tu cabeza se desvía: ¡el nuevo amor! Tu cabeza se vuelve: ¡el nuevo amor!

«Cambia nuestros lotes, criba los desastres, empezando por el tiempo», te cantan esos chicos. «Levanta hasta donde sea, la substancia de nuestras suertes y de nuestros votos», se te ruega.

Llegada de siempre, que te irás por doquier.

MAÑANA DE EMBRIAGUEZ

¡Oh *mi* bien! ¡Oh *mi* bello! Charanga atroz en la que ya no tropiezo. ¡Mágico potro! ¡Hurra por la obra inaudita y por el cuerpo maravilloso, por la primera vez! Esto empezó con la risa de los niños, terminará por ellos. Este veneno permanecerá en todas nuestras venas incluso cuando, volviendo la charanga, seremos devueltos a la antigua inharmonía. ¡Oh ahora, nos, tan digno de estos tormentos! acoplemos fervorosamente esta promesa sobrehumana hecha a nuestro cuerpo y a nuestra alma creados: esta promesa, ¡esta demencia! ¡La elegancia, la ciencia, la violencia! Se nos ha prometido enterrar en la sombra el árbol del bien y del mal, exiliar las honestidades tiránicas con tal de que aportemos nuestro muy puro amor. Esto empezó con alguna repugnancia y esto terminó —no pudiendo, apoderarnos de inmediato de esta eternidad—, esto terminó con una desbandada de perfumes.

Risa de niños, discreción de esclavos, austeridad de vírgenes, horror de las figuras y de los objetos de acá, sed consagrados como recuerdo de esta velada. Esto empezó con toda la zafiedad, y he aquí que termina con ángeles de llama y hielo.

¡Corta velada de embriaguez santa! Aun cuando sólo fuera por la máscara con que nos has recompensado. ¡Te afirmamos, método! No olvidaremos que ayer glorificaste cada una de nuestras edades. Tenemos fe en el veneno. Sabemos dar nuestra vida entera, todos los días.

FRASES

Cuando el mundo quedará reducido a un solo bosque negro para nuestros cuatro ojos atónitos —en una playa para dos niños sinceros, en una casa musical para nuestra clara simpatía—, os encontraré.

Que haya ahí abajo únicamente un viejo solo, tranquilo y hermoso, rodeado de un «lujo inaudito» —y caeré de rodillas.

Que yo haya colmado todos vuestros recuerdos —que yo sea aquello que os sabe agarrotar—, os ahogaré.

* * *

Cuando somos muy fuertes —¿quién retrocede?, muy alegres—, ¿quién cae en el ridículo? Cuando somos muy malos —¿qué será de nosotros?

Acicalaos, bailad, reíd. Jamás podré tirar el amor por la ventana.

* * *

—Mi camarada, mendicante, niño monstruo; poco te importan estas desgraciadas y estas maniobras, y mis preocupaciones. Únete a nosotros con tu voz imposible, ¡tu voz!, único halago de este vil desespero.

* * *

Una mañana nubosa de julio. Un sabor a ceniza vuela en el aire; —un olor a madera sudando en el hogar— las flores maceradas, la confusión de los paseos, la llovizna de los canales por los campos —¿por qué no, ya los juguetes y el incienso?

* * *

Tendí cuerdas de campanario a campanario; guirnaldas de ventana a ventana; cadenas de oro de estrella a estrella, y bailo.

* * *

El alto estanque humea constantemente. ¿Qué bruja va a levantarse en el blanco ocaso? ¿Qué frondas violetas van a descender?

* * *

Mientras los fondos públicos se gastan en fiestas de fraternidad, suena una campana de fuego rosa en las nubes.

* * *

Reavivando un sabor agradable de tinta china, un polvo negro llueve dulcemente sobre mi velada. — Bajo las llamas de la lámpara, me echo sobre la cama, me vuelvo del lado de la sombra, y os veo ¡hijas mías! ¡mis reinas!

OBREROS

¡Oh esta cálida mañana de febrero! El Sur inoportuno vino a reavivar nuestros recuerdos de indigentes absurdos, nuestra joven miseria.

Henrika llevaba una falda de algodón a cuadros blancos y marrones que se llevaría en el siglo pasado, un gorro de cintas y un pañuelo de seda. Era mucho más triste que si fuera de luto. Dábamos una vuelta por los suburbios. El tiempo estaba cubierto y ese viento Sur excitaba todos los malos olores de los huertos devastados y las praderas agostadas.

Esto no debía fatigar a mi esposa al mismo grado que a mí. En un bache, que dejara la inundación del mes precedente, en un sendero bastante alto, me hizo observar tres peces muy pequeños.

La ciudad, con su humo y su ruido de los talleres, nos seguía muy lejos, por los caminos. ¡Oh el otro mundo, la habitación bendita por el cielo y las sombras! El Sur me recordaba los miserables incidentes de mi infancia, mis desesperos de verano, la horrible cantidad de fuerza y de ciencia que la fortuna ha alejado siempre de mí. ¡No!, no pasaremos el verano en este país avaro donde nunca seremos nada más que unos novios huérfanos. Quiero que este brazo endurecido no arrastre más una *imagen querida*.

LOS PUENTES

Cielos grises de cristal. Un estrafalario dibujo de puentes, éstos erguidos, aquéllos bombeados, otros bajando u obliqueando en ángulo sobre los primeros, y estas figuras renovándose en otros circuitos iluminados del canal; pero todos tan largos y ligeros, que las riberas, cargadas de cúpulas, se abajan y se empequeñecen. Algunos de estos puentes están todavía cargados de casuchas. Otros sostienen mástiles, señales, frágiles parapetos. Acordes menores se entrecruzan y huyen, suben cuerdas desde los ribazos. Se adivina una chaqueta roja, puede que otros uniformes e instrumentos de música. ¿Se trata de aires populares, de pedazos de conciertos señoriales, de trozos de himnos públicos? El agua es gris y azul, ancha como un brazo de mar. — Un rayo blanco, cayendo desde lo alto del cielo, reduce a la nada esta comedia.

CIUDAD

Soy un efímero y no demasiado descontento ciudadano de una metrópoli que se cree moderna porque todo gusto conocido ha sido eludido en el mobiliario y el exterior de las casas al igual que en la planificación de la ciudad. Aquí no podéis señalar las trazas de ningún monumento de superstición. La moral y la lengua, en fin, están reducidas a su más mínima expresión. Estos millones de gentes que no sienten la necesidad de conocerse, llevan en forma tan pareja la educación, el trabajo y la vejez, que el curso de su vida debe ser muchas veces menos largo que el que una loca estadística señala para los pueblos del continente. Así como desde mi ventana, veo espectros nuevos moviéndose a través de la espesa y eterna humareda de carbón —¡nuestra sombra de los bosques, nuestras noches de verano!—, nuevas Erinias delante mi *cottage* que es mi patria y todo mi corazón, puesto que aquí todo se parece a esto —la muerte sin llantos, nuestra activa hija y sirvienta, un amor desesperado, y un bonito crimen piando en el cieno de la calle.

CARRILES

A la derecha, el alba de verano despierta las hojas y los vapores y los ruidos de este rincón del parque, y los declives de la izquierda mantienen en su sombra violácea los mil rápidos carriles de la carretera húmeda. Desfile de fantasmagorías. En efecto: carros cargados de animales de madera dorada, mástiles y telas abigarradas, al gran galope de veinte caballos de circo jaspeados, y los niños y los hombres sobre sus bestias más sorprendentes: veinte vehículos gibosos, empavesados y floridos como carrozas antiguas o de cuentos, llenos de niños emperifollados para una pastoral suburbana. — Incluso ataúdes bajo su dosel de noche levantando los penachos de ébano, desfilando al trote de grandes yeguas azules y negras.

CIUDADES

¡Son ciudades! Es un pueblo para el que se montaron estos Alleghani y estos Líbanos de ensueño. Chalés de cristal y de madera que se mueven sobre raíles y poleas invisibles. Los viejos cráteres rodeados de colosos y de palmeras de cobre rugen melodiosamente entre llamas. Fiestas amorosas se escuchan sobre los canales colgantes tras los chalés. Hay ruido de campanas en el fondo de los desfiladeros. Gigantescas corporaciones de cantores acuden con sus trajes y oriflamas brillantes como la luz de las cimas. Sobre las plataformas, en medio de los abismos, los Rolandos hacen resonar su bravura. Sobre las pasarelas de los barrancos y los techos de los albergues el ardor de los cielos empavesa los mástiles. El hundimiento de las apoteosis se reúne con los campos de las alturas donde las centauras seráficas evolucionan entre las avalanchas. Por encima del nivel de los más altos picos, un mar turbado por el nacimiento eterno de Venus, cargado de olas orfeónicas y del rumor de las perlas y las conchas preciosas —el mar se ensombrece a veces con estallidos mortales. Sobre las vertientes de las cosechas, flores grandes como nuestras armas y nuestras copas, mugen. Cortejos de Mabs con vestidos rojos y opalinos, surgen de los barrancos. Allí arriba, con las patas en la cascada y las zarzas, los ciervos se amamantan de Diana. Las bacantes de los suburbios sollozan y la Luna quema y aúlla. Venus entra en las cavernas de los herreros y los ermitaños. Grupos de campanas sonando a rebato cantan las ideas de los pueblos. De los castillos construidos con huesos sale la música desconocida. Todas las leyendas evolucionan y los anhelos se abalanzan sobre los poblados. El paraíso de las tempestades se hunde. Los salvajes danzan sin cesar en la fiesta nocturna. Y en una hora he descendido hasta el ajetreo de un bulevar de Bagdad donde unas compañías han cantado la alegría de un trabajo nuevo, bajo una espesa brisa, circulando sin poder eludir los fabulosos fantasmas de los montes donde han debido encontrarse de nuevo.

¿Qué buenos brazos, qué bonita hora me devolverán esta región de donde proceden mis sueños y mis más leves movimientos?

VAGABUNDOS

¡Lastimoso hermano! ¡Cuántas atroces veladas le debí! «No me hice cargo con suficiente fervor de esta empresa. Me había burlado de su dolencia. Por mi culpa volveríamos al exilio y a la esclavitud.» Me suponía una mala suerte y una inocencia extravagantes y a ello añadía razonamientos inquietantes.

Yo respondía sarcástico a este satánico doctor, y terminaba yéndome a la ventana. Creaba, más allá de la campiña por la que cruzaban bandas de música rara, los fantasmas del futuro lujo nocturno.

Después de esta diversión vagamente higiénica, me echaba sobre un jergón. Y casi todas las noches, apenas dormido, el pobre hermano se levantaba, la boca podrida, los ojos arrancados —¡tal como él se soñaba!— y se arrastraba al salón gritándome su sueño de idiota congoja.

Había, en efecto, con toda sinceridad de espíritu, asumido el compromiso de devolverle a su estado primitivo de hijo del Sol, y errábamos, nutridos por el vino de las cavernas y la galleta de la ruta, yo, con prisas por encontrar el lugar y la fórmula.

CIUDADES

La acrópolis oficial sobrepasa las concepciones más colosales de la barbarie moderna. Imposible de expresar la luz mate producida por este cielo inmutablemente gris, el esplendor imperial de las edificaciones y la nieve eterna del suelo. Han sido reproducidas, con un gusto singular por la enormidad, todas las maravillas clásicas de la arquitectura. Asisto a exposiciones de pintura en locales veinte veces más grandes que Hampton-Court. ¡Qué pintura! Un Nabucodonosor noruego ha mandado construir las escalinatas de los ministerios; los subalternos que he podido ver son ya más orgullosos que *** y he temblado ante el aspecto de los guardianes de los colosos y los oficiales de construcción. Gracias a la agrupación de los edificios en plazas, patios y terrazas cerrados, se han suprimido los cocheros. Los parques representan la naturaleza primitiva trabajada con un arte soberbio. El barrio alto tiene trozos inexplicables: un brazo de mar, sin barcos, despliega su manto de aguanieve azul entre muelles cargados de candelabros gigantes. Un puente corto conduce a una poterna justo debajo de la cúpula de la Santa Capilla. Esta cúpula consiste en un armazón de acero artístico de alrededor de quince mil pies de diámetro.

En algunos puntos, pasarelas de cobre, plataformas, escaleras que circundan las naves y las columnas, me han permitido juzgar la profundidad de la ciudad. Éste es el prodigio del que no he podido darme cuenta: ¿cuál es el nivel de los otros distritos, por encima y por debajo de la acrópolis? Para el extranjero de nuestro tiempo es imposible conocerlo. El barrio comercial es un círculo de un solo estilo, de galerías con arcadas. No se ven tiendas; pero la nieve de la calzada se ve pisada; algunos nababs tan raros como los paseantes de una mañana de domingo en Londres, se dirigen hacia una diligencia de diamantes. Algunos divanes de terciopelo rojo; se sirven bebidas polares cuyo precio varía de ochocientas a ocho mil rupias. A la idea de buscar teatros en este circo, me respondo que las tiendas deben de tener sus dramas bastantes sombríos. Pienso que existe una policía; pero la ley debe de ser tan extraña que renuncio a formarme una idea de los aventureros de aquí.

El suburbio, tan elegante como una hermosa calle de París, se ve favorecido por una especie de claridad. El elemento democrático cuenta con algunas centenas de almas. Allí, todavía, las casas no son seguidas; el suburbio se pierde bizarramente en la campiña, el «condado» que llena el occidente eterno de los bosques y las plantaciones prodigiosas donde los gentilhombres salvajes cazan sus crónicas bajo la luz que se ha creado.

VELADAS

I

Es el reposo iluminado, ni fiebre ni languidez, sobre la cama o sobre el prado.

Es el amigo ni ardiente ni débil. El amigo.

Es la amada, ni atormentante ni atormentada. La amada.

El aire y el mundo no buscados. La vida.

—Entonces, ¿era esto?

—Y el sueño refrescado.

II

La iluminación vuelve al árbol de la construcción. De los dos extremos de la sala, decoraciones cualesquiera, elevaciones harmónicas se juntan. La pared de enfrente del velador, es una sucesión psicológica de trozos de friso, de franjas atmosféricas y de accidentalidades geológicas. — Sueño intenso y rápido de grupos sentimentales con seres de todos los caracteres entre todas las apariencias.

III

Las lámparas y los tapices de la velada hacen el ruído de las olas por la noche, a lo largo del casco y alrededor del *steerage*.

El mar de la velada, como los pechos de Amelia.

Los tapices, hasta media altura, espesuras de encaje, color esmeralda, donde se echan las tórtolas de la velada.

. . . .

La plancha del hogar negro, soles reales de las arenas: ¡ah! pozos de magia; única visión de aurora, esta vez.

Steerage en inglés en el original. El entrepuente de los pasajeros de tercera clase.

MÍSTICA

En la pendiente del talud los ángeles doblan sus vestidos de lana en los yerbajos de acero y de esmeralda.

Prados de llamas brincan hasta la cima del altozano. A la izquierda, el terruño del borde es pisoteado por todos los homicidas y todas las batallas, y todos los ruidos desastrosos ahilan su curva. Tras la arista de la derecha la línea de los orientes, de los progresos.

Y mientras, la parte alta del cuadro está formada por el rumor turnante y saltarín de las conchas marinas y de las noches humanas.

La dulzura florida de las estrellas y del cielo y de todo lo demás, desciende frente al talud, como una cesta, contra nuestro rostro, y hace el abismo florido y azul allí abajo.

ALBA

He abrazado el alba de verano.

Nada se movía todavía frente a los palacios. El agua estaba muerta. Los campos de sombra no abandonaban el camino del bosque. He caminado despertando los hálitos vivos y tibios, y las pedrerías miraron y las alas se levantaron sin ruido.

La primera aventura fue en el sendero ya lleno de frescos y pálidos resplandores; una flor que me dijo su nombre.

Reí ante el *Wasserfall* rubio que se desmelenaba a través de los pinos: en la cima plateada reconocí a la diosa.

Entonces levanté uno a uno los velos. En la avenida, agitando los brazos. Por la llanura, donde la he denunciado al gallo. En la gran ciudad huía entre campanarios y cúpulas, corriendo como un mendigo por los muelles de mármol, yo la alcanzaba.

En lo alto del camino, junto a un bosque de laureles, la he rodeado con sus velos recogidos y he sentido un poco su inmenso cuerpo. El alba y el niño cayeron en la linde del bosque.

Al despertar era mediodía.

Wasserfall en alemán en el texto. En lugar de *chute d'eau*, cascada.

FLORES

Desde una grada de oro —entre los cordones de seda, las gasas grises, los terciopelos verdes y los discos de cristal que se ennegrecen como el bronce al sol— veo la digital abrirse sobre una alfombra de filigranas de plata, de ojos y de cabelleras.

Piezas de oro amarillo sembradas sobre ágata, pilares de caoba sosteniendo una cúpula de esmeraldas, ramilletes de satén blanco y de finas barritas de rubíes que envuelven la rosa de agua.

Iguales a un dios de enormes ojos azules y formas de nieve, el mar y el cielo atraen a las terrazas de mármol la multitud de jóvenes y fuertes rosas.

NOCTURNO VULGAR

Un soplo abre brechas operísticas en los tabiques — embrolla el voltear de los techos roídos, —dispersa los límites de los hogares, —eclipsa las ventanas.

A lo largo del emparrado, habiendo apoyado el pie en una gárgola, —he descendido hasta esta carroza cuya época está bastante indicada por los espejos convexos, los paneles abombados, y los sofás ribeteados. Coche fúnebre de mi sueño, aislado, cabaña de pastor de mi nadería, el vehículo vira sobre el césped del camino real borrado: y en una tara a lo alto del espejo de la derecha, dan vueltas las pálidas figuras lunares, hojas, seños; —Un verde y un azul muy oscuros invaden la imagen. Desprendimiento por los alrededores de una mancha arenisca.

—Aquí se va a silbar por el temporal, y las Sodomas —y las Solimas—, y las bestias feroces y los ejércitos.

—(Postillones y bestias de sueño proseguirán bajo las más sofocantes oquedades, para hundirme hasta los ojos en la fuente de seda.)

—Y mandarnos, apaleados a través de las aguas encrespadas y las bebidas esparcidas, a rodar al ladrido de los dogos...

—Un soplo dispersa los límites del hogar.

FIESTA DE INVIERNO

La cascada suena tras las cabañas de ópera-cómica. Las girándulas prolongan en los vergeles y las alamedas vecinas del meandro —los verdes y los rojos del ocaso. Ninfas de Horacio, peinadas a la manera del Primer Imperio. — Rollizas siberianas, chinitas de Boucher.

ANGUSTIA

¿Será posible que ella me haga perdonar las ambiciones continuamente pisoteadas, —que un final cómodo repare las épocas de indigencia, —que un día de éxito, nos adormezca sobre la vergüenza de nuestra torpeza fatal?

(¡Oh palmas! ¡diamante! — ¡Amor, fuerza! — ¡más alto que todas las alegrías y glorias! — de todas maneras, por todas partes, demonio, dios, —juventud de este ser: ¡yo!)

¿Cuántos accidentes de magia científica, y movimientos de fraternidad social son apreciados como restitución progresiva de la llaneza inicial?...

Pero la vampiresa que nos vuelve amables manda que nos divertamos con lo que ella nos deja, o que por lo menos, seamos más divertidos.

Revolcarse en las heridas, por el aire fatigoso y el mar; en los suplicios, por el silencio de las aguas y el aire asesinos; en las torturas que ríen, en su silencio atrozmente agitado.

METROPOLITANO

Desde el estrecho de índigo a los mares de Ossian, sobre la arena rosa y naranja que ha lavado el cielo vinoso, acaban de montarse y cruzarse bulevares de cristal habitados incontinente por jóvenes familias pobres que se nutren en las fruterías. Nada de rico. —¡La ciudad!

Del desierto de betún escapan derrotados con las sábanas de brumas escalonadas en bandas espantosas al cielo que se encorva, retrocede y desciende, formado por la más siniestra humareda negra que pueda hacer el océano enlutado, los cascos, las ruedas, las barcas, las grupas. — ¡La batalla!

Levanta la cabeza: este puente de madera, arqueado; los últimos hortelanos de Samaria; estas máscaras iluminadas por la linterna fustigada por la fría noche; la ondina boba de vestido ruidoso, abajo en el río; estos cráneos luminosos en los planos de guisantes — y las demás fantasmagorías — la campiña.

Caminos bordeados de rejas y de muros, conteniendo apenas sus bosquecillos, y las atroces flores a las que se llamarían corazones y hermanas, Damasco pereciendo de languidez — posesiones de fantásticas aristocracias ultrarenanas, japonesas, guaraníes, dispuestas todavía a recibir la música de los antiguos — y hay albergues que ya no abrirán nunca jamás — hay princesas, y, si no estás demasiado abrumado, el estudio de los astros — el cielo.

La mañana en que con ella, os debatíais entre los estallidos de nieve, estos labios verdes, los espejos, las banderas negras y los rayos azules o los perfumes púrpura del sol de los polos — tu fuerza.

BÁRBARO

Mucho después de los días y las estaciones y los seres y los países.

La bandera de carne sangrienta sobre la seda de los mares y de las flores árticas (que no existen).

Repuesto de las viejas fanfarrias de heroísmo —que todavía nos atacan al corazón y a la cabeza— lejos de los antiguos asesinos.

¡Oh! la bandera de carne sangrienta sobre la seda de los mares y de las flores árticas (que no existen).

¡Finezas!

Los braseros llueven con ráfagas de escarcha — ¡Finezas! —, los fuegos en la lluvia del viento de diamantes lanzada por el corazón terrestre eternamente carbonizado por nosotros. — ¡Oh mundo!

(Lejos de los viejos retiros y de las viejas llamas, que se oyen, que se sienten.)

Los braseros y las espumas. La música, giro de los abismos y choque de los carámbanos con los astros.

¡Oh finezas, oh mundo, oh música! y allí, las formas, los sudores, las cabelleras y los ojos, flotando. Y las lágrimas blancas, hirvientes — ¡oh finezas! — y la voz femenina alcanzando el fondo de los volcanes y las grutas árticas.

La bandera...

SALDO

Se vende lo que los judíos no han vendido, lo que ni la nobleza ni el crimen han gustado, lo que ignoran el amor maldito y la honradez infernal de las masas; lo que el tiempo y la ciencia no tienen que reconocer:

Las voces reconstituidas; el despertar fraterno de todas las energías corales y orquestales y sus aplicaciones instantáneas; ¡la ocasión única para despojar nuestros sentidos!

¡Se venden los cuerpos sin precio, ajenos a cualquier raza, a todo el mundo, a todo sexo de cualquier descendencia! ¡Las riquezas emergiendo a cada paso! ¡Saldo de diamantes sin control!

Se vende la anarquía para las masas; la satisfacción irreprimible para los aficionados superiores; ¡la muerte atroz para los fieles y los amantes!

Se venden los habitáculos y las migraciones, los *sports,* las hechicerías y los *comforts* perfectos, y el barullo, el movimiento y el porvenir que producen.

Se venden las aplicaciones de cálculo y los saltos de harmonía inauditos. Los hallazgos y los términos insospechados, posesión inmediata.

Hálito insensato e infinito de esplendores invisibles, de delicias insensibles —y sus secretos enloquecedores para cada vicio y su alegría espantosa para la multitud.

Se venden los cuerpos, las voces, la inmensa opulencia indisptable, lo que nadie venderá jamás. ¡Los vendedores no han agotado los saldos! ¡Los viajantes no tienen que devolver su çomisión en seguida!

Sport y *comfort*, conservan en el texto original su ortografía inglesa.

FAIRY

Para Helena se conjuraron las savias ornamentales en las sombras vírgenes y las claridades impasibles en el silencio astral. El ardor del verano fue confiado a pájaros mudos y la indolencia requerida a una barca de lutos sin precio por las caletas de amores muertos y perfumes desvanecidos.

—Sigue el momento del canto de las leñadoras, con el rumor del torrente bajo el destrozo de los bosques, con el tintineo del ganado, con eco de valses y el clamor de las estepas.

Para la infancia de Helena temblaron las pieles y la sombras —y el pecho de los pobres, y las leyendas del cielo.

Y sus ojos y su danza superiores todavía a los preciosos esplendores, a las frías influencias, al placer de la decoración y de la hora únicas.

GUERRA

Niño aún, ciertos cielos afinaron mi óptica: todos los caracteres matizaron mi fisonomía. Los fenómenos se produjeron. — Actualmente, la inflexión eterna de los momentos y el infinito de las matemáticas me impulsan por este mundo en el que soporto todos los éxitos civiles, el respeto de la infancia extranjera y los afectos anormales. — Pienso en una guerra, de derecho o de fuerza, de lógica muy imprevista.

Es tan simple como una frase musical.

JUVENTUD

I

Domingo

Dejando a un lado los cálculos, el inevitable descendimiento del cielo, y la visita de los recuerdos y la sesión de los ritmos ocupan la morada, la cabeza y el mundo del espíritu.

—Un caballo se desboca por el *turf* suburbano a lo largo de los cultivos y los bosquecillos, alcanzado por la peste carbónica. Una miserable mujer de drama, en alguna parte del mundo, suspira a causa de improbables abandonos. Los *desperadoes* languidecen después de la tormenta, la embriaguez y las heridas. Los niños ahogan maldiciones a lo largo de los ríos.

Reanudemos el estudio al son de la obra devoradora que se junta y sube en las masas.

Turf, palabra inglesa, por césped. *Desperadoes* (desesperados) palabra española escrita a la manera inglesa.

II

Soneto

Hombre de constitución ordinaria, la carne ¿no era un fruto colgado en el vergel, oh jornadas niñas? ¿el cuerpo un tesoro para ser prodigado: oh querer, el peligro o la fuerza de Psique? La tierra tenía laderas fértiles en príncipes y artistas, y la descendencia y la raza nos empujaban a los crímenes y a los lutos: el mundo vuestra fortuna y vuestro peligro. Pero ahora, colmada esta labor, tú, tus cálculos, tú, tus impaciencias, no son más que vuestra danza y vuestra voz, no fijadas ni menos forzadas, aunque de un doble acontecimiento de invención y de éxito una razón, en la humanidad fraternal y discreta por el universo sin imágenes; — la fuerza y el derecho reflejan la danza y la voz sólo ahora apreciadas.

III

Veinte años

Las voces instructivas exiliadas... La ingenuidad física amargamente sosegada... Adagio. ¡Ah! el egoísmo infinito de la adolescencia, el optimismo estudioso: ¡cuán lleno de flores estaba el mundo, este verano! Los gestos y las formas muriendo... ¡Un coro para calmar la impotencia y la ausencia! Un coro de vasos, de melodías nocturnas... En efecto, los nervios pronto van a zarpar.

IV

Estás todavía en la tentación de Antonio. El juego del celo acortado, los tics del orgullo pueril, el abatimiento y el espanto. Pero tú acometerás este trabajo: todas las posibilidades harmónicas y arquitecturales se agitarán en torno a tu puesto. Seres perfectos, imprevisibles, se ofrecerán para tus experiencias. A tu alrededor acudirán soñadores la curiosidad de viejas multitudes y de ociosos lujos. Tu memoria y tus sentidos serán el alimento de tu impulso creador. En cuanto al mundo, cuando tú salgas ¿en qué se habrá convertido? En todo caso, nada de las apariencias actuales.

PROMONTORIO

El alba de oro y la noche temblorosa encuentran nuestro bergantín en alta mar en frente de esta villa y sus dependencias, que forman un promontorio tan amplio como el Epiro y el Peloponeso, o como la gran isla del Japón, o como la Arabia. *Fanums* [1] que iluminan la entrada de las *teorías,* vistas inmensas de la defensa de las costas modernas; dunas ilustradas con cálidas flores y bacanales; grandes canales de Cartago y de los *Embankments* de una Venecia turbia; débiles erupciones de Etnas y quebradas de flores y aguas de los glaciares; lavaderos rodeados de álamos de Alemania; taludes de parques singulares mostrando las copas del árbol del Japón; y las fachadas circulares de los «Royal» y los «Grand» de *Scarbro* o de Brooklyn; y sus *railways* que flanquean, cruzan, dominan sus dispositivos en este Hotel, escogidos en la historia de las más elegantes y de las más colosales construcciones de Italia, de América y de Asia, cuyas ventanas y terrazas, ahora llenas de luminarias, de bebidas y de ricas brisas, están abiertas al espíritu de los viajeros y de los nobles — que permiten durante las horas del día que las tarantelas de las costas, —e incluso los ritornelos de los valles ilustres del arte, decoren maravillosamente las fachadas del Palacio-Promontorio.

1. *Fanum* es una palabra latina que significa templo y *teoría* debe tomarse en su significado griego de procesión. Rimbaud pudo ver sobre el Támesis los *Albert Embankment* y el *Victoria Embankment* inaugurados en 1869 y 1870. El *Grand Hotel* de Scarborough (Rimbaud escribe *Scarbro*) —ciudad balneario a 380 kilómetros de Londres— fue abierto en 1867. Tanto el *Grand Hotel* como el *Royal Hotel,* existen todavía.

ESCENARIOS

La antigua comedia prosigue sus acordes y divide sus idilios: Bulevares de tablados.

Un largo *pier* [1] de madera de un extremo a otro de un campo rocoso donde la multitud bárbara evoluciona bajo los árboles desnudos.

En los corredores de gasa negra, siguiendo el paso de los paseantes bajo los faroles y la hojarasca.

Pájaros de los misterios se abaten sobre un pontón de albañilería movido por el archipiélago cubierto de las embarcaciones de los espectadores.

Escenas líricas acompañadas con flauta y tambor se reclinan en tabucos preparados bajo los plafones, en torno a los salones de los clubs modernos o de salones del Oriente antiguo.

La hechicería maniobra en la cima de un anfiteatro coronado de sotos — o se agita y modula para los beocios, en la sombra de arboledas movedizas sobre el límite de los cultivos.

La ópera cómica se divide sobre nuestra escena en la arista de intersección de diez tabiques levantados desde la galería hasta las candilejas.

1. *Pier,* palabra inglesa que significa muelle. *Misterio* (cuyos pájaros se abaten) debe tomarse en el sentido de representación medieval; *beocios* en el de estúpidos o tontos.

NOCHE HISTÓRICA

En cualquier noche, por ejemplo, que se encuentre el turista ingenuo, apartado de nuestros horrores económicos, la mano de un maestro anima el clavicordio de los prados; se juega a las cartas en el fondo del estanque, espejo evocador de reinas y zalameras; se cuenta con las santas, los velos y los hilos de harmonía y los cromatismos legendarios sobre el ocaso.

Se estremece al paso de las cacerías y las hordas. La comedia gotea sobre los tablados de césped. Y la confusión de los pobres y de los débiles sobre estos planos estúpidos.

En su visión esclava, Alemania se encarama hacia las lunas; los desiertos tártaros se iluminan; las revueltas antiguas bullen en el centro del Celeste Imperio; por las escaleras y los sillones de roca, un mundo menudo, pálido y abatido, África y Occidente, va a edificarse. Luego un ballet de mares y de noches conocidas, una química sin valor y melodías imposibles.

¡La misma magia burguesa en todos los sitios donde el baúl nos deposite! El físico más elemental comprende que ya no es posible someterse a esta atmósfera personal, neblina de remordimientos físicos cuya constatación es ya una aflicción.

¡No! el momento de la sauna, de los mares raptados, de los abrazos subterráneos, del planeta arrebatado, y de los exterminios consecuentes, certezas con tan poca malignidad indicadas en la Biblia y por las normas y que debería el ser sensato vigilar. — Con todo, esto no será de ningún modo un efecto de leyenda.

BOTTOM

Siendo la realidad demasiado espinosa para mi gran carácter, — me encontraba, sin embargo, en casa de la señora, convertido en un gran pájaro azul gris que se escurría por las molduras del techo y arrastraba el ala por las sombras de la noche.

Yo fui, al pie del baldaquín, soportando sus alhajas doradas y sus obras maestras físicas, un gran oso de encías violeta y de pelo encanecido por la pena, los ojos fijos en los cristales y en los plateados de las consolas.

Todo se convirtió en sombra y acuario ardiente. Por la mañana — alba de junio batalladora —, corrí hacia los campos, asno, vociferando y blandiendo mi agravio, hasta que las sabinas del suburbio vinieron a lanzarse sobre mi pechera.

H

Todas las monstruosidades violan los gestos atroces de Hortensia. Su soledad es la mecánica erótica, su cansancio, la dinámica amorosa. Para una infancia vigilada, ha sido en muchas épocas, la ardiente higiene de las razas. Su puerta está abierta a la miseria. En esto, la moralidad de los seres actuales se desincorpora en su pasión en su acción — ¡Oh terrible estremecimiento de los amores bisoños sobre el suelo sangriento y por el hidrógeno aclarado! buscad a Hortensia.

MOVIMIENTO

El movimiento serpenteante en las lindes de los saltos del río.
La sima en el codaste,
La celeridad de la rampa,
La enorme zancada de la corriente
Arrastran por las luces inauditas
Y la novedad química
A los viajeros rodeados por las trombas del valle
Y del strom.

Éstos son los conquistadores del mundo
Buscando la fortuna química personal;
El sport *y el* comfort *viajan con ellos;*
Llevan consigo la educación
De las razas, de las clases y de los animales sobre este bajel
Descanso y vértigo
En la luz diluviana,
En las terribles noches de estudio.

Ya que del parloteo en medio de los instrumentos, la sangre, las flores, el fuego, las joyas,
De las cuentas removidas en este borde fugaz,
—Se ve, rodando como un dique más allá de la ruta hidráulica motriz,

Monstruoso, iluminándose sin fin, — *su* stock *de estudios*
A aquéllos lanzados en el éxtasis harmónico,
Y el heroismo del descubrimiento.
Ante los accidentes atmosféricos más sorprendentes,
Una pareja de juventud se aísla sobre el arca,
— ¿Es esto antiguo salvajismo que se perdona? —
Y canta y acecha.

DEVOCIÓN

A mi hermana Louise Vanaen de Voringhem: —Su papalina azul vuelta hacia el mar del Norte. — Por los náufragos.

A mi hermana Léonie Aubois d'Asnby. Baou — la hierba de verano zumbante y maloliente. — Por la fiebre de madres e hijos.

A Lulu — demonio — que ha conservado cierto gusto por los oratorios del tiempo de *Les Amies*[1] y de su educación incompleta. ¡Por los hombres! A la señora ***.

Al adolescente que yo fui. A este santo anciano, ermita o misión.

Al espíritu de los pobres. Y a una muy alta clerecía.

Así mismo a cualquier culto en cualquier lugar de culto memorial y entre tales acontecimientos que haya que acudir, siguiendo las aspiraciones del momento o bien nuestro propio vicio formal.

Esta noche a Circeto de los altos glaciares, gorda como el pescado y brillante como los diez meses de la noche roja — (su corazón ámbar y *spunk*) —, por mi única plegaria muda como estas regiones de noche y precediendo bravuras más violentas que este caos polar.

Al precio que sea y con todas las canturias incluso en los viajes metafísicos. — Basta por *entonces*.

1. Hemos dejado *Les Amies* (las amigas) sin traducir porque indudablemente es una referencia al libro de este título publicado en 1868 en Bruselas por Verlaine llevando como nombre de autor el de *«le licencié Pablo de Herlagnez»*. *Spunk* significa *amadou* (yesca).

DEMOCRACIA

«La bandera encaja con el paisaje inmundo, y nuestra jerga ahoga el tambor.

»En los centros alimentaremos la más cínica prostitución. Aplastaremos las lógicas revueltas.

»¡En los países pimentosos y destemplados! — al servicio de las más monstruosas explotaciones industriales o militares.

»Hasta más ver aquí, no importa donde. Reclutas voluntarios, tendremos una filosofía feroz; ignorantes en cuanto a ciencia, molidos por lo confortable, y que revienten los demás. Ésta es la verdadera marcha. Al frente, ¡marchen!»

GENIO

Es la afección y el presente puesto que ha hecho la casa abierta al invierno espumoso y al rumor del verano, él que ha purificado las bebidas y los alimentos, él que es el encanto de los lugares huidizos y la alegría sobrehumana de las estaciones. Es la afección y el futuro, la fuerza y el amor que nosotros, de pie en las rabias y en los enojos, vemos pasar por el cielo de tempestad y las banderas de éxtasis.

Es el amor, medida perfecta y reinventada, razón maravillosa e imprevista, y la eternidad: máquina querida de cualidades fatales. Todos hemos sentido el espanto de su concesión y de la nuestra: oh gozo de nuestra salud, impulso de nuestras facultades, afección egoísta y pasión por él, él que nos ama por su vida infinita...

Y nosotros le llamamos y él viaja. Y si la adoración se va, llama, su promesa llama: «Atrás estas supersticiones, estos viejos cuerpos, estos concubinatos y estas épocas. ¡Es nuestra edad la que ha desaparecido!».

No se irá, no volverá a descender de un cielo, no realizará la redención de las cóleras de las mujeres y de las alegrías de los hombres y de todo este pecado: pues ya está hecho, siendo él, y siendo amado.

Oh sus impulsos, sus cabezas, sus prisas; la terrible celeridad de la perfección de las formas y de la acción.

¡Oh fecundidad del espíritu e inmensidad del universo!

¡Su cuerpo! El desprendimiento soñado, el rompimiento de la gracia cruzada de nueva violencia.

¡Su presencia, su presencia! todas las antiguas genuflexiones y las penas *exoneradas* a continuación.

¡Su día! la abolición de todos los sufrimientos sonoros y móviles en la música más intensa.

¡Su paso! las migraciones más enormes que las antiguas invasiones.

¡Oh él y nosotros! el orgullo más benigno que las caridades perdidas.

¡Oh mundo, y el canto claro de los nuevos desatres!

A todos nos ha conocido y a todos nos ha amado. Sepamos, en esta noche de invierno, de punta a punta, desde el polo tumultuoso al castillo, de la multitud a la playa, de mirada en mirada, fuerzas y sentimientos cansados, aclamarle y verle, y reexpedirlo, y bajo las mareas y en lo alto de los desiertos de nieve, seguir su imagen, sus hálitos, su cuerpo, su día.